Reiseführer

Christoph Schulte-Richtering

Himmel & Hölle

Mit Illustrationen von Hendrik Berends

Eichborn

Christoph Schulte-Richtering, geboren 1968, lebt als Buchautor sowie als Schriftsteller und Texter für TV-Produktionen in Köln.

1 2 3   09 08 07

© Eichborn AG, Frankfurt am Main, August 2007
Umschlaggestaltung: Christiane Hahn unter Verwendung eines Fotos von © gettyimages
Lektorat: Oliver Thomas Domzalski
Illustrationen: Hendrik Berends
Gestaltung und Satz: Cosima Schneider
Druck und Bindung: Clausen&Bosse, Leck

ISBN 978-3-8218-4974-4

Alle Rechte vorbehalten. Kein Teil des Werkes darf in irgendeiner Form (durch Fotografie, Mikrofilm oder ein anderes Verfahren) ohne schriftliche Genehmigung des Verlages reproduziert oder unter Verwendung elektronischer Systeme verarbeitet, vervielfältigt oder verbreitet werden.

Verlagsverzeichnis schickt gern:
Eichborn Verlag, Kaiserstraße 66, 60329 Frankfurt am Main
www.eichborn.de

INHALTSVERZEICHNIS

WILLKOMMEN IM JENSEITS!

LAND DER GEGENSÄTZE 15
- Droht Ihnen Gefahr? 15
- Herzlich willkommen? 16
- Ein offenes Wort 17
- Checkliste: Ausrüstung, Klima, Formalitäten 17
- Landeskunde 18
- Himmel und Hölle – die feindlichen Brüder 19

EIN WENIG GESCHICHTE 20
- Nationalfeiertag 21
- Berühmte Reisende 24

MIT DEM FAHRSTUHL IN DIE EWIGKEIT

DIE REISE INS PARADIES! 28
- Durchs Land des Priesterkönigs Johannes 29

INS FEGEFEUER 32

FAHR ZUR HÖLLE! 33
- Die Gehenna 33
- Sibirien 34
- Italien 34
- Sümpfe, Moore, Tümpel, Höhlen! 35

DER EINGANG ZUR UNTERWELT

IM JENSEITS: ABSTIEG ZUR HÖLLE 39
- Die Fahle Ebene 40
- Die Große Überfahrt 42
- Höllenköter Zerberus 44
- Ein echtes Risiko: die Schwertbrücke 44

SPECIAL: IN TEUFELS KÜCHE 46
- Spezialitäten 46
- Farnkraut 47
- Tantalos 48
- Restaurants 48
- Flossen weg! 50

DAS TOTENGERICHT 51
    Yama 53
    Minos und Rhadamantys 53
    Erzengel Michael 53
    Osiris und Anubis 54
DIE WEGKREUZUNG 54
    Der rote Weg 55
    Der schwarze Weg 56
DER PALAST PLUTOS 57

DIE HÖLLE

ENTDECKEN SIE LUZIFERS REICH! 62
    Der Gang zum Krater 62
    Am Wegesrand 64
    Die Flüsse 64
    Die Verdammten 65
    Die Wahl der Qual 70
DIE KREISE DER HÖLLE 71
    Im ersten Kreis der Hölle 71
    Der zweite Kreis: Wollust! 72
    Dritter Kreis: Völlerei! 73
    Vierter Kreis: Trägheit! 74

SPECIAL: MONSTER 76
    Die Fürsten der Finsternis 76
    Operettenteufelchen 78

    Fünfter Kreis: Zorn! 79
    Sechster Kreis: Stolz! 81
    Siebter Kreis: Mord und Totschlag! 83
    Achter Kreis: Heuchelei! 85
    Neunter Kreis: Verrat! 88
    Der Antichrist 90
    Judas Ischariot 91
    Endlich: Pause von den Qualen! 91
    Im Innersten der Hölle 91
FLORA UND FAUNA 92
    Kriechtiere 93
    Mantikora 93
    Andere Bestien 94

GEPFLOGENHEITEN, DOS AND DON'TS 95
AUFENTHALTSDAUER 98
    Der Mühlstein und das Vögelchen 98
    Lässliche Sünden 98
    Die Hanfsamen 99
    Reinkarnation 100
    Fataler Fehler? 101

DER HIMMEL

LAND UND LEUTE 105
SEHENSWÜRDIGKEITEN 106
    Die goldene Mauer 106
    Der Jadepalast 108
    Innerhalb der Edelsteinmauer 109
    Walhall 110
    Das Himmlische Jerusalem 111
    Der Jungbrunnen 113

SPECIAL: ENGEL 115
    Die Himmel 117

FLORA UND FAUNA 120
GENIESSEN IM GARTEN EDEN 122
    Anfängerfalle Verdauung! 123
    Nektar und Ambrosia 123
    Manna 124
    Schlemmen wie die Götter! 124
    Restaurants 127
GEPFLOGENHEITEN, DOS AND DON'TS 129

RÜCKREISE
    Rettung einer Seele 134
    Retten Sie gleich die ganze Menschheit! 136
    Ich will nach Hause – egal wie! 137

ANHANG
QUICK-FINDER: Welche Strafe für welche Untat? 138
Register 144

ZEICHENERKLÄRUNG

 Tipp

 Ruhige Lage

 Wanderabzeichen erhältlich

 Info

 Schöne Aussicht / Landschaftlich reizvoll

 Öffentlicher Fernsprecher / Handyempfang möglich

 Für Gruppen geeignet

 Sehenswürdigkeit

 Bademöglichkeit

 Für Kinder ungeeignet

 Imbiss

 Baden nicht empfohlen!

 Tel. Anmeldung / Reservierung empfohlen

 Rastplatz / Hütte

 Trittsicherheit erforderlich!

 Nur mit Führer

 Camping

 Gefahrenstelle / Warnung / Achtung!

 Zentral gelegen

 Hotel / Übernachtungsmöglichkeit

 Gehörschutz empfohlen

 Gute Verkehrsanbindung

 Keine Übernachtungsmöglichkeit

 Steinwurf verboten

 Fremdsprachenkenntnisse nützlich

 Keine Äpfel!

 Alkoholverbot

 Wechselstube

REISEWARNUNG

Das Auswärtige Amt rät von Reisen in die Hölle dringend ab. Wer dennoch reist, muss sich bewusst sein, dass er Opfer marodierender Banden oder Stammeskonflikte, auf jeden Fall aber willkürlicher Gewaltakte werden kann.
Es gibt keine Internationale Schutztruppe. Die Regierung ist weder willens noch in der Lage, Ruhe und Ordnung zu gewährleisten. Allen Besuchern vor Ort wird zu größtmöglicher Vorsicht und zur Befolgung der in diesem Ratgeber gegebenen Hinweise geraten.
In keinem Landesteil besteht eine medizinische Versorgung. Hilfe für in Not geratene Deutsche kann die Botschaft nicht leisten. Es gibt keine Botschaft.
Es besteht ein von der WHO bestätigter überregionaler Ausbruch von Lungenpest und Beulenpest. Die primäre Lungenpest wird durch Tröpfcheninfektion von Mensch zu Mensch übertragen und führt innerhalb von zwei Tagen zu einem lebensbedrohlichen Krankheitsbild.
Der Gesundheitsdienst des Auswärtigen Amts empfiehlt außerdem als Impfschutz: Schutz gegen Tetanus, Diphtherie, Polio, Hepatitis A, B, C und D, Tollwut, Meningokokken-Meningitis. Es besteht ganzjährig und im gesamten Land eine Garantie für die Erkrankung an Typhus, Cholera, Gelbfieber, Syphilis, Fleckfieber, Denguefieber, Malaria und Ebola.
Auch durch hygienisches Essen und Trinken (nur Abgekochtes, nichts lau Aufgewärmtes) und konsequenten Mückenschutz (Repellentien, Mückennetz, bedeckende Kleidung, Verhalten) können gefährlichen Durchfall und Infektionserkrankungen nicht sicher vermieden werden.

> Wahnsinn – warum schickst du mich in die Hölle?
> (Hölle, Hölle, Hölle!)
> Eiskalt – lässt du meine Seele erfrier'n.
> Das ist Wahnsinn – du spielst mit meinen Gefühlen
> (fühlen, fühlen, fühlen).
> Und mein Stolz liegt längst schon auf dem Müll
> (Müll, Müll, Sondermüll).
>
> Wolfgang Petry

Sie wollen also ins Jenseits reisen? Eine gute Entscheidung! Denn früher oder später müssen Sie sowieso dorthin. Garantiert! Genaugenommen sind Sie eigentlich bereits auf dem Weg, denn Sie wissen ja: Ihr hiesiges Leben ist nichts anderes als der Hauch eines Büffels im Winter, das Aufleuchten eines Glühwurms bei Nacht oder eben: ein Wanderpfad ins Jenseits. Es wäre also klug, sich schon ein wenig im Himmel und in der Hölle umzusehen, bevor es zu spät ist. Es lohnt sich.

Stellen Sie sich vor, Sie werden dereinst dazu verurteilt, drei Tage lang an die Hufe eines **pferdegesichtigen Dämons** gefesselt und durch die Welt gezerrt zu werden – und Sie haben eine Pferdehaarallergie? Oder Sie werden für 100 000 Jahre an eine herrliche Ambrosiaquelle versetzt, hätten aber lieber ein zünftiges aztekisches Maisbier? Die Möglichkeiten und Angebote im Jenseits sind überaus vielfältig, und da jeder Mensch andere Vorstellungen von seiner Freizeitgestaltung in der Ewigkeit hat, sollten Sie jetzt schon wissen, was Sie erwartet. Erst dann können Sie Ihr jetziges Leben danach ausrichten und sich auf Ihre eigene, letzte und endgültige Reise ins Jenseits vorbereiten.

Natürlich: Die Grundsatzentscheidung, ob Himmel oder Hölle, ist vermutlich längst gefallen. Aber auf Details können Sie durchaus noch Einfluss nehmen. Eine Schnupperreise mit diesem Touristenführer hilft Ihnen dabei.

Im Anhang dieses Buches finden Sie außerdem exklusiv unseren praktischen Quick-Finder: Dort können Sie sofort nachschlagen, welche Strafe Sie für welche Untat in der Hölle erwartet – und wie lange Sie dafür brutzeln müssen.

Bisher wurde das Feld der Jenseitsreisen kampflos den Spinnern, den Esoterikern, Scharlatanen und Geschäftemachern überlassen. Das ist jetzt vorbei! Schluss mit Spekulation, Unsicherheit und Verängstigung. Mit diesem kleinen Vademecum haben Sie das erste Mal einen absolut zuverlässigen Reiseführer für die Ewigkeit in der Hand. Er wird Ihr Leben, aber auch Ihren Tod verändern, denn hier erfahren Sie, was Sie tatsächlich erwartet.

Werden in der Hölle arme Sünder wirklich auf einen glühenden Rost gelegt und mit feurigen Ketten gefesselt, während Tausende von Teufeln und Dämonen unter ihnen das Feuer schüren? Wie besänftigt man einen Zerberus? Wie groß ist die Hölle? Was ist eigentlich gegen Wollust, Völlerei und Müßiggang einzuwenden?

Aber auch der Himmel ist spannend: Wo sind die ewigen Jagdgründe? Was ist eigentlich Manna? Leben im Paradies Paradiesvögel? Und isst man dort Paradeiser?

Pferdegesichtiger Dämon

Wir haben für Sie die Weltliteratur der Jenseitsforschung gewälzt. Wir haben Heilsversprechen ausgewertet, Totenbücher studiert und Höllenvisionen nachvollzogen. Wir haben die Aussagen von Rückkehrern einer Prüfung unterzogen, die Lügen von Angebern, Hochstaplern und Wichtigtuern entlarvt, Insider interviewt und exklusive Geheimtipps zusammengestellt. Kurz: Wir haben die Essenz dessen herausgefiltert, was als zuverlässig und gesichert gelten kann. Wir verraten Ihnen, wie es wirklich im Jenseits aussieht, wie man sich dort verhält, welche Kleidungs- und Benimmvorschriften gelten und welche *Dos and Don'ts* zu beachten sind. Noch nie gab es eine so konkrete Hilfestellung – knallhart recherchiert und seriös aufbereitet.

Natürlich: Eine Jenseitsreise ist theoretisch auch ohne Gebrauchsanweisung möglich, aber sie wäre ein gewagtes, ja fahrlässiges Unterfangen! Schließlich wollen Sie innerhalb von zwei Wochen kennenlernen, wofür andere sich eine Ewigkeit nehmen. Egal, ob Sie gottesfürchtig gelebt oder lustvoll jede Todsünde begangen haben: In der Stunde Ihres Todes würden Sie eines garantiert bereuen: diesen Reiseführer ins Jenseits nicht gelesen zu haben!

Hinweis der Redaktion:
Bei einem Adventure-Trip ins Jenseits – und vor allem in die Hölle – sind eben nicht alle Dinge komplett planbar. Ein kleines Risiko bleibt immer. Dieser Leitfaden ist der Versuch, die Risiken möglichst gering zu halten. Wir haben alles darangesetzt, Ihnen möglichst zuverlässige und aktuelle Informationen mit auf die Reise zu geben. Dennoch schleichen sich trotz gründlichster Recherche manchmal Fehler ein oder es ändern sich Öffnungszeiten, Wegerouten etc.
Wenn Sie Verbesserungsvorschläge, Wünsche oder Beschwerden haben – schreiben Sie uns!
(Zugegeben, bei einem schwerwiegenden Fehler werden Sie nicht mehr die Möglichkeit haben, sich zu melden, da Sie vermutlich den Rückweg nicht mehr finden und auf ewig in der Hölle brutzeln.)

Leider kann der Verlag keinerlei Haftung für eventuelle Gesundheits- oder Vermögensschäden übernehmen, die aus fehlerhaften Angaben in diesem Buch resultieren.

Ihr Redaktionsteam

LAND DER GEGENSÄTZE

Das Jenseits – ein ausgefallenes und widersprüchliches Reiseziel, das die Menschen seit jeher fasziniert: Auf der einen Seite erwarten Sie liebliche Auen mit sphärischer Musik, mit Palästen aus Edelsteinen und mit nie versiegenden Töpfen voller Eberfleisch. Hier fließen Milch und Honig, die Modefarbe ist Weiß und die Harfe ein populäres Musikinstrument. Auf der andere Seite erleben Sie den eher kargen Landesteil: Er gilt als heiß und unwirtlich. Aber gerade diese Gegend hält für den echten Abenteurer die eine oder andere reizvolle Überraschung bereit: Hier brodeln glühende Feuerozeane, gepfählte und gesottene Leiber säumen den Weg, und bis zu vier Meter große Skorpione begeistern nicht nur die Tierfreunde. Die Bewohner sind allerdings meist mürrische und abweisende, nicht selten gar bösartige Gesellen.

Gerade diese Gegensätze der beiden Landstriche machen den Reiz des Jenseits aus. Damit Ihre Reise aber zu einem ungetrübten Erlebnis ohne Reue wird, gilt es, einige Regeln zu beachten. Wie in jedem anderen Land sollte man die Gepflogenheiten der Eingeborenen kennen und respektieren, um Konflikte zu vermeiden.

DROHT IHNEN GEFAHR?
Der Besuch der Hölle stellt an den Reisenden höhere Ansprüche als der Besuch anderer Länder wie etwa Belgien oder Mali. Bereits die Anreise ist lang, nicht selten schwierig oder sogar gefährlich. Aber die Mühen sind es wert: Sie werden spektakuläre Sehenswürdigkeiten kennenlernen und bemerkenswerten Wesen begegnen. Sie werden Rituale und Volksfeste erleben, deren Gepflogenheiten Ihnen fremd, ja irritierend erscheinen mögen. Urteilen Sie jedoch bitte nicht vorschnell! Sie sind hier nicht zu Hause, sondern zu Gast bei Fremden. Benehmen Sie sich so unauffällig wie möglich – allerdings nicht so unauffällig, dass man Sie für einen Einheimischen halten könnte und dabehält. Die Martern, denen die Bewohner ausgesetzt sind, sind auch für einen durchtrainierten Mitteleuropäer kaum zu verkraften.
Das Risiko, dass man Sie verhaftet, ist allerdings recht gering, denn die meisten Menschen haben ja ein reines Herz, und damit kann kein Teufel etwas anfangen. Aber auch wenn Sie kein so reines Herz haben, lassen

sich die meisten kritischen Situationen, die im Kontakt mit Verdammten, Teufeln und Dämonen auftreten, durch ein paar einfache Tricks abwenden. Kaum zu glauben, aber wahr: Alle **buddhistischen Dämonen** sind harmlos und tatsächlich mit kleinen Geldgeschenken zu befriedigen! Sorgen Sie also dafür, dass Sie immer ein wenig Kleingeld in der Tasche haben. Aber auch der allerschlimmste Dämon (z. B. ein katholischer) kann leicht besänftigt werden: Versprechen Sie ihm, dass Sie für seine Erlösung beten werden, sobald Sie zurück auf der Erde sind. Erlösung ist für einen Dämon das ersehnte Ziel – er wird alles dafür tun und Sie in Frieden ziehen lassen.

Buddhistischer Dämon

HERZLICH WILLKOMMEN?

Auf die Gastfreundschaft der Hölle werden Sie nur allzu gerne verzichten wollen. Die Einheimischen sind in der Regel auch zu sehr mit sich selbst beschäftigt, um sich um Sie zu kümmern. Seien Sie froh! Als unbeteiligter Zaungast lebt es sich dort wesentlich besser. Und auch im Paradies haben die Bewohner alle Hände voll zu tun. Das ist allerdings schade, denn hier würden Sie wahrscheinlich am liebsten mit offenen Armen empfangen und für immer bleiben. Aber auch für den Himmel gilt: Solange Sie noch nicht tot sind, müssen Sie nach Ablauf des gebuchten Ferienaufenthalts wieder abreisen und neuen Urlaubern Platz machen – so schwer es auch fällt. Um bleiben zu dürfen, verlegen sich manche Reisende aufs Bitten und Betteln. Manche legen sich sogar einen weißen Umhang um und wedeln mit Palmzweigen, damit man sie für einen Einheimischen hält. Machen Sie es nicht nach – es ist vergeblich und setzt Sie nur der Lächerlichkeit aus. Sie haben keine Chance – die Bewohner sind zwar nicht allwissend, werden sie aber auf jeden Fall als Erdling erkennen. Man wird Sie lächelnd eine Weile dulden, weil Engel und Selige zu höflich (und zu sehr mit Hosianna-Rufen beschäftigt) sind, um Sie rauszuschmeißen. Genießen Sie diese Gastfreundschaft, aber strapazieren Sie sie nicht. Bewahren Sie sich die Erinnerungen an einen schönen Urlaub. Genießen Sie den Moment und freuen Sie sich, ihn erlebt zu haben. Sie können ja zurückkommen, irgendwann.

EIN OFFENES WORT

Himmel und Hölle – ein Trip dorthin ist kein Zuckerschlecken: So ist beispielsweise in beiden Landesteilen alles spiegelverkehrt: Rechts und links, Tag und Nacht sind hier genau andersherum als bei Ihnen daheim. Es ist wie in Australien: Im Sommer schneit es, im Winter scheint die Sonne und Sie werden ein wenig Zeit brauchen, um sich mit dem Linksverkehr zu arrangieren. Viel schneller, als Ihnen lieb ist, werden Sie zudem merken: Es gibt sowohl in der Hölle als auch im Paradies Dinge, an die Sie sich noch wesentlich schwerer gewöhnen werden ...

Ohne die entsprechende Vorbereitung wird Sie schon das erste **kleine Teufelchen** in der lauesten Vorhölle das Grausen lehren. Der erste Edelsteinpalast im Himmel wird Sie blenden und in den Wahnsinn treiben. Deshalb der Rat: Auch wenn Ihnen zunächst einige Tipps nicht ganz einleuchten mögen – befolgen Sie sie! Selbst wenn Sie ein erfahrener Abenteuertourist sind – Sie werden später dankbar sein. Sie haben sich nackt über dem Amazonas mit dem Fallschirm abwerfen lassen? Sie haben in Taucherflossen den Nanga Parbat bezwungen? Sie sind im Schmetterlingsstil über den Atlantik geschwommen und haben damit das Blaue Band gewonnen? Respekt! Aber die Erfahrung eines Jenseitsbesuches ist weit intensiver als alles auf der Erde Mögliche – sie ist der ultimative Adventure-Kick. Erwarten Sie das Unerwartete!

Einer der kleinsten Teufel

CHECKLISTE: AUSRÜSTUNG, KLIMA, FORMALITÄTEN

In der Hölle droht Ihnen die größte Gefahr von Seiten des Klimas: Entweder ist es brüllend heiß – bis zu 444,6° C; heißer kann es nicht sein, weil sonst die Schwefelseen verdampfen würden – oder unfassbar kalt: -288° C. Zwiebel-Look ist also angesagt. Mehrere Pullover, ein feuerfester Anzug, feuerfeste Stiefel und eine Gasmaske sind unverzichtbar. Außerdem brauchen Sie noch ein paar weitere wichtige Utensilien. Hier unsere Checkliste, die ausschließlich für die Hölle gilt. (Im Himmel brauchen Sie nichts, nicht einmal Kleidung – es ist für alles gesorgt und es herrschen rund ums Jahrtausend angenehme 27 Grad bei 60 Prozent Luftfeuchtigkeit und einem lauen Wind).

CHECKLISTE: HÖLLE
- Zauberkloß aus Honig und Kräutern
- Tiefseekraut, Pflanze »niemals altern«
- Edelsteine
- Diakackmuspulver
- Weihwasser
- feuerfestes Schuhwerk
- Gasmaske oder Riechsalz
- Zweig, Goldspray
- feuerfester Anzug
- Mohnköpfe
- Zwiebeln
- Kleingeld (Obolus, Silberling, Euro)
- Strohbündel
- Feuerzeug
- Insektenspray
- Machete
- Blasrohr/Pfeil und Bogen
- evtl. Mittel gegen Durchfall
- Reliquien
- Handkeule aus grünem Stein

LANDESKUNDE
Geographie: Sowohl der Himmel als auch die Hölle sind komplex, unübersichtlich und groß. Allein die Hölle ist gigantisch: Anders als die meisten Länder auf der Erdoberfläche ist sie von trichterförmiger Geographie. Würde man einen Stein von der obersten Hölle fallen lassen, bräuchte er 70 Jahre, bis er auf den Boden der tiefstgelegenen Hölle prallen würde.

Bevölkerung: Die riesige Anlage ist für eine Bevölkerung von 800 Millionen vorgesehen; die tatsächliche Einwohnerzahl dürfte aber weit darüber liegen. Seit Erschaffung der Erde sind nach neuesten demographischen Schätzungen zirka 100 Milliarden Menschen geboren worden – und gestorben. Ich verrate nicht zu viel, wenn ich Ihnen jetzt schon sage, dass 99,993 Prozent aller Verstorbenen in die Hölle kommen, nur 0,005

Prozent ins Fegefeuer und lediglich 0,002 Prozent in den Himmel. Die Hölle ist also mit über 99,9 Milliarden Verdammten hoffnungslos überbevölkert, während im Himmel lediglich zwei Millionen glückliche Seelen wohnen, also etwas weniger, als Lettland Einwohner hat.

<u>Flora und Fauna:</u> Die Pflanzen- und Tierwelt in Himmel und Hölle ist überraschend vielfältig! Bitte lesen Sie dazu die gesonderten Kapitel ab S. 120 (Himmel) und S. 92 (Hölle)

<u>Günstige Reisezeiten:</u> Im Himmel ist man eigentlich immer willkommen, und auch während der klassischen Urlaubsmonate Juni-Juli-August verteilen sich die Touristen weiträumig, sodass man seine Ruhe hat.

Für Ausflüge in die Hölle empfehlen wir Reisenden, die Stoßzeiten nach Karneval (Wollust!) und Weihnachten (Völlerei!) zu meiden.

<u>Ein Wort zum Verkehr:</u> Lassen Sie bei Reisen in die Hölle Ihr Fahrzeug daheim! Die Straßen- und Verkehrsverhältnisse sind selbst für Offroader nicht geeignet. Zahlreiche Treppen schmälern die Freude am Erkunden der Hölle auf vier Rädern. Es gilt nach wie vor: Wer durch die Hölle will, muss verteufelt gut fahren!

HIMMEL UND HÖLLE – DIE FEINDLICHEN BRÜDER

So unterschiedlich Himmel und Hölle auch sein mögen – sie gehören zusammen. Nehmen Sie z. B. die Seraphim: Das sind die schönsten und größten Engel des Himmels, deren Namen man mit »Die Entzünder« übersetzt. Auf der anderen Seite haben wir Luzifer, den gefallenen Engel, der jetzt als Beherrscher des Höllenfeuers arbeitet.

Beide werden Sie kennenlernen – und Sie werden feststellen, dass die Flammen, aus denen sie ihre Motivation speisen, sich nur geringfügig unterscheiden. Beide Feuer entspringen einer extremen Entzündung des Willens und berühren sich in ihren Extremen: Auf der einen Seite weiß jedes kleine Operettenteufelchen in der Hölle insgeheim, dass sich noch im scheußlichsten Ungeheuer die Vielfalt, die Güte und die Allmacht Gottes offenbaren. Selbst die schlimmste Ausgeburt der Flammenhölle dient noch der höheren Ehre Gottes. Insofern ist die Hölle nichts anderes als das Paradies, bloß von der anderen Seite betrachtet. Aber auch von der Himmelsseite ist es ähnlich dialektisch. Der Traum von der religiösen Perfektion gebiert allzu oft Monster: Je heiliger, feuriger und unerbittlicher der religiöse Eifer, desto größer ist die Gefahr, ins Monströse und Teuflische abzugleiten. Die ekstatischen Visionen einiger besonders Heiliger sind an (oft sexueller) Absonderlichkeit kaum zu überbieten.

EIN WENIG GESCHICHTE

Das Jenseits ist eine der ältesten Kulturlandschaften der Menschheit: Seit zirka 50 000 Jahren bestatten wir unsere Leichen – und seit Menschen ihren Toten Beigaben mit in die Begräbnisstätten legen, ist es den Toten möglich, nach ihrem Tod weiterzuleben. Frühere Seelen lebten dieses Leben aber weder in der Hölle noch im Paradies, sondern in einem neutralen Jenseits, das weder Bestrafung noch Qual vorsah, sondern lediglich ein dunkler und staubiger Ort war, also eine Art Magdeburg des Jenseits. Diesen trostlosen Ort gibt es heute auch noch als Vorhölle (→Die fahle Ebene), er ist aber bloß der Auftakt unserer Reise ins Land des Quälens und des Gequältwerdens.

Zwei Engel mit Menschenfrauen

Erst mit der irdischen Erfindung der Gerichtsbarkeit (und vor allem mit der Entdeckung ihrer Unzulänglichkeit) etablierte man als Versprechen für gute Taten das Paradies und als Drohmittel die Strafhölle. Das alles ist ziemlich lange her: Errechnet aus der Dauer der Sintflut und dem Alter der biblischen Urväter, hat man herausgefunden, dass Gott am 22. März 3760 v. Chr. den Himmel erschuf. Dabei halfen ihm ein paar Hundert **Engel,** die sich nach Erschaffung der Menschen jedoch lüstern ein paar **knusprige Menschenfrauen** schnappten, worauf sie zur Strafe in einen Abgrund gestürzt wurden, der fortan als Hölle genutzt wurde (→Die Fürsten der Finsternis). Himmel und Hölle sind also in etwa gleich alt. Leider ist in dieser Rechnung irgendwo ein Fehler: Wenn wir seit 50 000 Jahren unsere Toten bestatten, können Adam und Eva im Jahr 3760 v. Chr. ja gar nicht die ersten Menschen gewesen sein!

> **Mit Adam und Eva auf du und du:** Adam und Eva waren die ersten Bewohner des Paradieses. Adam ist als 24-, 30-, 33-, 40-, 50- oder gar 70-Jähriger am 25. März 3760 v. Chr. (nämlich drei Tage nach der Erschaffung des Himmels) erschaffen worden und war sofort zirka 1,90 Meter groß. Eva war ebenso groß (wow!) und hatte blondes, schwarzes oder kastanienbraunes Haar, je nachdem. Nach der Vertreibung aus dem Paradies (Apfel, Schlange – Sie werden's kennen) lebten beide noch ziemlich lange weiter. Adam starb im Alter von exakt 930 Jahren, sechs Tage später starb Eva. Nach einem längeren Aufenthalt im Fegefeuer leben aber beide zum Glück mittlerweile wieder im Paradies.

Das Paradies sieht heute anders aus als vor 5700 Jahren – auch Himmel und Hölle gehen mit der Zeit. In einer globalisierten Welt gibt es mittlerweile natürlich auch eine **globalisierte Hölle** und ein globalisiertes Paradies. Griechische Unterweltgötter sitzen neben aztekischen Finsterlingen, keltische und indianische Männer bewohnen dieselben Jagdgründe.

v.l.n.r.: Aztekischer Finsterling, Kelte, griechischer Unterweltgott, Indianer

NATIONALFEIERTAG
Im Gegensatz zu Gedenktagen auf der Erde die sich (wie z. B. der 4. Juli in den USA oder der 3. Oktober in Deutschland) auf historische, also vergangene Ereignisse beziehen, verfügt das Jenseits auch über historische

Daten in der Zukunft. Denn die Seelen warten nicht nur auf ihr Einzelurteil, sondern alle zusammen auch auf den *Jüngsten Tag*, also das Endgericht, bei dem abschließend und ohne Revisionsmöglichkeit über alle Lebenden und Toten gerichtet wird.

Das Endgericht kommt 5500 Jahre nach Adams Tod. Der Jüngste Tag ist demnach vielleicht am 22. März 2670. Ihnen bleiben also höchstens noch gut 650 Jahre, um die Hölle zu besuchen, denn danach werden die Hölle und alle Teufel zur Gänze vernichtet. Nun gibt es auch in dieser Rechnung leider ein paar Unwägbarkeiten. Man weiß nicht genau, wie alt Adam bei seiner Erschaffung war. Man weiß nicht genau, wie lang die Sintflut dauerte und wie alt die biblischen Urväter wurden. Konsequenterweise müssen Sie, egal, ob Sie sich gerade im Himmel, in der Hölle oder auf der Erde befinden, jederzeit des Jüngsten Tages gewärtig sein!

WORAN MAN DEN JÜNGSTEN TAG ERKENNT

Erkennen können Sie den Jüngsten Tag an folgenden 15 knallharten Kriterien:

1. Ein fremder König wird sich im Westen erheben.
2. Man wird nicht länger auf die Silberpreise achten, sondern nur noch auf den Goldkurs.
3. Syrien bricht zusammen.
4. In der Gegend der türkischen Schwarzmeerküste werden Jünglinge getötet und Kinder entführt.
5. Es gibt keine Ehrfurcht mehr vor dem Alter, die Teenager wollen bestimmen.
6. Arbeit erscheint allen nur noch als überflüssige Plackerei.
7. Man stimmt Lobgesänge auf die Freizügigkeit an.
8. Flugobjekte erscheinen am Himmel.
9. Felder sind mit Gift verseucht.
10. Das Meer sondert schwarzen Saft ab.
11. Auf dem Mond ereignen sich Wunder.
12. Im Sommer fällt Schnee und im Winter herrscht trockene Hitze.
13. Im Norden zieht eine purpurne Wolke auf.
14. Blutiger Regen prasselt nieder.
15. Die Erde wird sich aus ihrer Verankerung reißen.

Am siebten Tag dieser merkwürdigen Vorkommnisse schließlich kommt das Endgericht: Im Osten erhebt sich eine süße und liebliche Stimme, auf einem **Wolkenwagen** brausen alle guten Engel heran und befreien diejenigen, die bis zum letzten Moment dennoch gläubig geblieben sind und nicht auf die Lügen der Dichter und auf die Rätsel der Gaukler gehört haben. Für alle anderen heißt es: Husch, husch in die ewige Vernichtung!

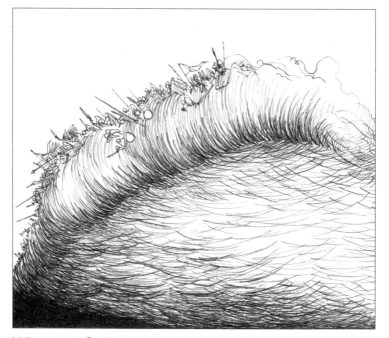

Wolkenwagen mit Engeln

Je nachdem, welche dieser Voraussagen Sie bereits für eingetroffen halten, können Sie ja selbst schauen, ob die Zeit noch für eine ausgedehnte Jenseitstour reicht. Beteiligen Sie sich an Spekulationen! Sie sind nicht allein: Bisher jeder amerikanische Präsident wurde als »der fremde König im Westen« identifiziert, Gift ist schon länger auf den Feldern, und ich sage nur: Goldkurs! Aber solange noch kein blutiger Regen niederprasselt, können wir locker bleiben.

BERÜHMTE REISENDE

Vorerst können Sie also noch ungestört ins Jenseits reisen. Aber wahrscheinlich wussten Sie es schon: Der Zugang zum Reich der Toten ist Ihnen als Lebender oder Lebendem eigentlich verwehrt. Die wenigen, die es trotzdem geschafft haben, sind meist nicht zurückgekommen. Aber sie hatten auch noch nicht den Wissensvorsprung dieses Reiseführers: Die bereits vorhandenen Leitfäden für das Jenseits sind hoffnungslos antiquiert und offenbar auch nicht immer ganz korrekt. Die letzte Jenseitsreise des florentinischen Reisenden Dante Alighieri (dessen Porträt immer noch auf der Rückseite der italienischen 2-Euro-Münze zu finden ist) z. B. datiert von Ostern 1300. Und da Dante offenbar nur die christliche Hölle kannte, blieben ihm einige Schleichwege verborgen – allerdings auch einige besonders entsetzliche Teufel erspart.

Im Laufe der Geschichte ist es trotzdem einigen Reisenden gelungen, hin und auch wieder zurückzugelangen: Jesus, Lazarus, Orpheus, Gilgamesch, Dante oder Hildegard von Bingen sind prominente Jenseitsreisende, denen wir wichtige Tipps und Kniffe verdanken, z. B. auch, wo man überhaupt einen Einstieg findet. Den berühmtesten Tipp dazu gab der Evangelist Matthäus: Der weiß nämlich zu berichten, dass die Anreise in den Himmel schwer ist, denn die Pforte ist eng und der Weg schmal. Die Anreise zur Hölle jedoch ist leicht, denn Pforte und Weg sind breit, die zum Verderben führen. Das hört sich gut an, aber der Hinweis auf eine Pforte und einen Weg ist uns zu unkonkret und hilft für die Praxis nicht weiter. Außerdem scheint das mit dem breiten und dem schmalen Pfad ziemlich gleichnishaft gemeint zu sein. Genauso wenig hilfreich sind die unkonkreten nordisch-germanischen Hinweise, nach denen ein Eingang weit im Norden, hinter den Föhren sei. Ebenfalls nutzlos ist der afrikanische Tipp, der Eingang liege am Rande der Erde gegen Sonnenuntergang.

Wir wollen einen richtigen Einstieg finden. Aber wo? Egal, wo Sie einsteigen: Sie wissen, dass Sie richtig liegen, wenn Ihnen auf dem Weg Wiedergänger begegnen. Wiedergänger sind Boten aus dem Jenseits, die den Schlaf der Lebenden stören sollen. Einen Wiedergänger erkennt man daran, dass er einen schwarzen Brustpanzer trägt, auf dem reliefartig ein Skelett abgebildet ist. Keine Sorge: Er kann Ihnen nichts tun. Noch sind Sie im Diesseits, noch sind Sie der Chef (allerdings nicht mehr lange). Aber zumindest wissen Sie, dass der Eingang zum Jenseits jetzt nicht mehr weit sein kann!

Sie sind Skeptiker? Sie finden das mit den Höllenstrafen alles übertrieben, unglaubwürdig, affig gar? Ein Instrument der Herrschenden, um das Volk klein zu halten? Sie sind ein aufgeklärter Mensch, der auf dem Jahrmarkt in der Geisterbahn überlegen lächelt, weil er weiß, dass unter den Kostümen schlecht bezahlte Hilfsarbeiter stecken? Sie glauben nicht an Himmel und Hölle, nicht an ewige Verdammnis, nicht an Folter und Qualen? Nun, Ihr Schicksal ist bereits besiegelt: Sie werden auf ewig im sechsten Kreis der Hölle in feurigen Flammengräbern büßen. Ihre Haut wird knusprig gebraten und aufplatzen wie die Kruste eines Spanferkels auf dem Grill. Vielleicht überlegen Sie es sich noch einmal: Wie schnell weicht das überlegene Lächeln einem namenlosen Entsetzen, wenn Ihnen der erste Teufel einen Bratspieß in den Hintern schiebt. Im Zweifelsfall ist es immer besser, darauf vorbereitet zu sein. Außerdem: Wenn Sie nicht an die Hölle glauben, dürften Sie auch nicht an den Himmel glauben. Und da würden Sie einiges verpassen – wenn Sie wüssten, wie gut das Eberfleisch in Walhall schmeckt!

DIE REISE INS PARADIES

Es ist wie so oft im Leben: Wer auf direktem Weg in den Himmel will, wird voraussichtlich scheitern. Dass mit den »Inseln der Seligen« die Kanarischen Inseln gemeint seien (wie man bis ins 7. Jahrhundert annahm), ist mittlerweile durch Generationen von Pauschaltouristen historisch widerlegt, aber auch geographisch unmöglich: Im Alten Testament ist eindeutig von vier großen Flüssen die Rede, die aus dem Paradies herausfließen. Deshalb liegt das Paradies auch nicht, wie öfters vermutet, im Herzen Südamerikas: Orinoko, Amazonas, Rio de la Plata und …? Tja. Eben.

Cherub

Es ist sowieso Unsinn, auf der Suche nach dem Paradies nach Westen zu reisen. Denn auf diese Weise wird man an das Osttor des Paradieses gelangen – und dort auf die **Cherubim** stoßen. Das sind Engel, die zur Familie der Greife gehören und einer ägyptischen Sphinx verblüffend ähnlich sehen. Sie unterscheiden sich nur dadurch von ihr, dass sie ein loderndes Flammenschwert tragen und in jede Himmelsrichtung ein eigenes Gesicht besitzen. Leider passen die Cherubim am Osttor mit ihrem Schwert ziemlich gut darauf auf, dass kein lebender Mensch auf diesem Weg ins Paradies gelangt. Die Aussicht auf ein Visum ist gleich null.

Aber es gibt ja zwei Schleichwege. Einer führt mitten durch die Hölle, der andere weist nach Osten – also dorthin, wo alle guten Sachen herkommen: exotische Früchte, der Sonnenaufgang, leckere Gewürze und in Taiwan gefertigtes Plastikspielzeug. Dort muss man das Westtor des Paradieses suchen! Ganz leicht ist das allerdings nicht.

DURCHS LAND DES PRIESTERKÖNIGS JOHANNES

Wenn Sie Ihren Weg nach Osten lenken, bis weit hinter den Irak, werden Sie das Land des Priesterkönigs Johannes durchqueren müssen – ein Weg, den wir Ihnen nicht empfehlen. Denn dort leben alle möglichen Getüme, von denen Ihnen einige an den Kragen wollen. Sie werden auf (allerdings friedliche) Skiapoden treffen – das sind Einbeinige, die sich ausruhen, indem sie sich auf den Rücken legen und ihren überdimensionierten Fuß als Sonnenschirm benutzen. Sie werden **Panotier** kennenlernen – das sind 5 Meter große Menschen mit riesigen, marmorweißen Ohren, die den ganzen Leib bedecken. Sie werden Lebewesen ohne Kopf sehen, die ihre Augen an den Schultern und ihre Münder mitten auf der Brust haben. Ferner leben dort Menschen, die ihr Geschlechtsteil mitten auf dem Körper tragen, weil sie nur ein Bein besitzen, das zudem auch noch dem eines Pferdes ähnelt. Und Sie werden Hundsköpfige, **Giraffenmenschen** und bärtige Frauen mit Eberzähnen

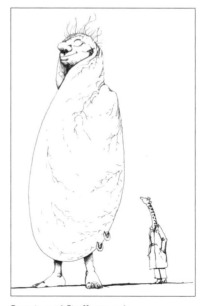

Panotier und Giraffenmensch

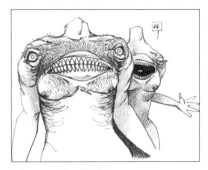
Lebewesen ohne Kopf

bekämpfen müssen. Wenn Sie die Reise durch dieses Land überstehen, reiten Sie anschließend 17 Tage durch eine Wüste ohne Wege, an deren Ende Sie hohe Berge erblicken. In diesem Gebirge entspringen die vier Flüsse: Der Tigris führt hier noch Oliven- und Zypressenzweige, der Euphrat Palmen- und Myrtenblätter, der Gihon führt Aloe Vera und der Pischon Nester mit Papageien. Euphrat und Tigris sind ja klar – aber kein Mensch weiß, wie Gihon und Pischon heute heißen.

Bärtige Frauen mit Eberzähnen

Am Fuß der Berge stoßen Sie auf eine **lange Mauer aus massivem Silber**, und hinter dieser Mauer liegt das Paradies. Alexander der Große war vor langer Zeit der Letzte, der diesen Weg geschafft hat. Als er endlich an der Mauer ankam, erspähte er eine **kleine Tür**. Auf sein Klopfen öffnete ein alter Mann die Luke in der Tür, beschied Alexander dem Großen, dass hier zwar das Paradies sei, er ihn aber nicht einlassen könne. Daraufhin machte Alexander wieder kehrt. Nicht gerade sehr heldenhaft, wenn Sie mich fragen. Wir wollen Ihnen eine solche Abfuhr gar nicht erst zumuten und raten deshalb dringend von der Benutzung dieses Weges ab. Es gibt einen eleganteren Weg ins Paradies, der zudem auch noch kürzer ist.

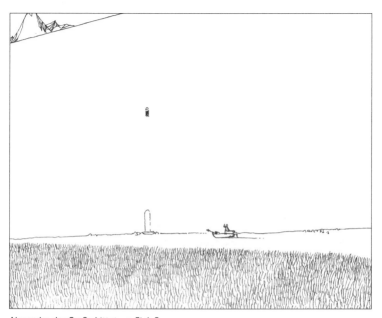

Alexander der Große bittet um Einlaß

Ausschnitt

Wer dennoch auf diesen Trip neugierig ist und es (wie auch immer) über die Silbermauer schafft: Dahinter klart es schlagartig auf, und Sie müssten in der Ferne schon ein paar Zelte entdecken. Von dort eilen Ihnen bereits verstorbene Freunde und Verwandte entgegen. Hier könnten Sie jetzt ein herrliches Leben beginnen. Büffel und Hirsche können ohne Mühen gejagt und erlegt werden. Da das Wild wie die Menschen unsterblich ist, springen die Tiere nach der Mahlzeit auch wieder munter umher.
Das klingt wunderbar. Wägen Sie aber die Chancen und Risiken dieser Strecke gut ab: Sie ist leider bislang unzureichend erforscht. Wenn Sie es trotzdem versuchen wollen: Viel Glück!

INS FEGEFEUER

Leichter ist es, direkt ins Fegefeuer zu reisen: Der Eingang befindet sich in Irland. Im Lough Derg (etwa 7 Kilometer nördlich von Pettigo im Bezirk Donegal, zirka 200 Kilometer nordwestlich von Dublin; von Dublin am besten mit dem Mietwagen weiter) liegt eine Insel. Auf dieser Insel gibt es eine Höhle, von dort geht es direkt ins Purgatorium. Auf der Insel existiert übrigens auch heute noch ein Kloster, das sich armen Sündern und ihren Nöten verschrieben hat (www.loughderg.org).

> *Wer sich schon hier auf der Erde einen Eindruck vom Fegefeuer verschaffen will, kann vor seiner Jenseitsreise in Rom das »Museum der Seelen im Fegefeuer« besuchen. Auf allen möglichen Objekten haben dort verstorbene Seelen ihre Spuren hinterlassen. Gruselig!*
> *Museo delle Anime del Purgatorio*
> *Lungotevere Prati 18*
> *Rom*
> *Tel.: 0039-06-68806517*
> *Täglich 8–11 und 16–17 Uhr*

Das Fegefeuer ist so eine Art »Hölle light«, ein nicht-atomares Zwischenlager zwischen Tod und Jüngstem Tag. Im Fegefeuer büßen die Seelen liebend gerne für ihre Untaten, weil sie das Heil des Paradieses schon erahnen können und wissen, dass es Hoffnung für sie gibt. Denn gäbe es keine Hoffnung, wären sie ja für immer in der Hölle. Das Fegefeuer existiert erst seit dem 12. Jahrhundert (zirka), ist also unter den Jenseitslandschaften quasi das Neubaugebiet. Wie jedes Neubaugebiet ist es recht unattraktiv. Es passiert nichts, was man in der Hölle nicht aufregender und ursprünglicher zu sehen bekäme. Außerdem können Sie vom Fegefeuer aus nicht selbst entscheiden, in welche Richtung es weitergehen soll. Deshalb empfehlen wir Ihnen den konventionellen Weg ins Paradies: Wer in den Himmel will, muss durch die Hölle gehen.

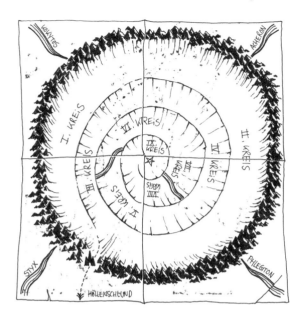

FAHR ZUR HÖLLE!

Logischerweise liegt die Hölle in größtmöglicher Entfernung zum Himmel, also **im Mittelpunkt der Erde**. Darüber sind sich Germanen, Mongolen, Tibeter, Afrikaner, Indianer, Christen, Moslems, Hindus und Juden einig. Der Tatsache, dass die Hölle im Erdmittelpunkt liegt, verdanken wir übrigens auch die Rotation der Erde: Denn die dreht sich, weil die Verdammten in der Mitte der Erde der sengenden Hitze entfliehen möchten und deshalb an der Innenseite der Erde entlanglaufen wie ein Hamster im Laufrad.

Wie also kommt man in die Hölle? Nun, wegen des großen Andrangs gibt es praktischerweise mehrere Eingänge. Wir stellen Ihnen die beliebtesten vor.

DIE GEHENNA

Der zuerst angelegte Eingang zur Hölle ist mittlerweile leider verschüttet: Die Gehenna, das »Tal des Stöhnens«, liegt kurz außerhalb der Altstadtmauern von Jerusalem und heißt heute Hinnom. Das Hinnomtal war früher eine alte Schutthalde, wo in biblischer Zeit Tierkadaver und Abfälle brannten. Dort wurde der assyrische Gott Moloch durch Brand- und Kinderopfer verehrt. Heute ist dort ein kleiner Park mit Plaza; eine der wenigen grünen Oasen in Jerusalem (Busse Nr. 1, 2, 38 bis Zion Gate, von dort nur ein paar Schritte nach Süden).

SIBIRIEN

Ein weiterer Zugang zur Hölle wurde erst vor einigen Jahren in Sibirien entdeckt. 1989 stießen russische und norwegische Forscher bei Bohrungsarbeiten auf die Hölle.
In 9 Kilometern Tiefe erreichte man einen **Hohlraum**. Das heruntergelassene **Mikrofon** offenbarte Grausliges: **das Geschrei von Menschen.** Außerdem traten giftige Gase aus dem Bohrloch hervor, in dem eine Hitze von 1100° C herrschte. Als man den Bohrer wieder hervorzog, flohen die Arbeiter von der Baustelle, weil an dem Bohrer ein Monster mit Krallen hing. Die Geschichte könnte eine urbane Legende sein, aber abgesehen davon ist so ein Bohrloch ohnehin zu eng für einen Einstieg.

Schreihälse

ITALIEN

Ein weiterer ungesicherter Einstieg liegt in der Nähe des Ätnas auf *Sizilien* (Flug bis Catania, vom Bahnhof Catania Direktbusse bis Rifugio Sapienza, von dort weiter nur mit Amphibienfahrzeugen, weil die Seilbahn beim letzten Höllenausbruch 2002 zerstört wurde). Johann von Vezelay behauptet, dass das lateinische Wort für »Ungläubige«, *ethnici*, wegen des Höllenlochs am Ätna so heiße, dort beginne der Weg in die Hölle.
Wir halten das für Spekulation und empfehlen Ihnen den komfortableren Einstieg in den *Acheron-Sümpfen* bei Barletta, etwa 60 Kilometer nördlich von Bari in Unteritalien, nahe der Mündung des Flusses Ofanto. Die Anreise mit dem Zug erfolgt von München über Mailand oder Bologna

(zirka 16 Stunden). Mit dem Auto fahren Sie über den Brenner erst Richtung Bologna, dann auf der A 14 Richtung Bari/Brindisi (mautpflichtig!).

Alternativ können Sie auch in der Nähe von Neapel, in *Pozzuoli*, einsteigen (Buslinie 152 fährt ab Neapel, Piazza Garibaldi, Ausstieg an der Haltestelle Solfatara). Eintritt zu den Schwefelquellen 5,50 Euro, täglich außer Samstagabend. Samstagnachts haben die Verdammten frei und →Pause von den Qualen. Sie können sie beobachten, wie sie als schwarze Vögel aus den Schwefelquellen herausflattern!

SÜMPFE, MOORE, TÜMPEL, HÖHLEN!

Wo auch immer Sie nach dem Eingang suchen: Friedhöfe und Gräber sind *keine* Höllenpforten, sondern nur der Aufbewahrungsort für sterbliche Überreste! Generationen von Grufties und Gothics haben sich dort vergeblich den Rücken kaputtgebuddelt, um sich dann doch wieder frustriert zu Hause in ihren Sarg schlafen zu legen, weil sie den Eingang nicht gefunden haben.

Achten Sie lieber auf Sümpfe, Moore, Tümpel und Höhlen, dann können Sie kaum fehlgehen! Ist der Eingang unter Wasser, müssen Sie allerdings auf einen **Hippokamp** warten – **ein Wesen, das halb Fisch, halb Pferd ist.**

Hippokamp

Es wird Sie sicher ins Jenseits bringen. Sind Sie in einem Wald, gehen Sie in Richtung der Dunkelheit.
In dem von uns empfohlenen Gebiet auf den Spuren von Dante, in den Acheron-Sümpfen, gab es früher auch Panther, Löwen und Wölfe, die aber mittlerweile hier nicht mehr heimisch sind. Bald werden Sie auf eine Höhle stoßen. Vor der Höhle steht ein ziemlich verrostetes Schild mit einer Inschrift: *Lasciate ogni speranza, voi ch'entrate*. Sinngemäß übersetzt heißt das: Ihr, die Ihr eintretet, lasst alle Hoffnung fahren.
Atmen Sie tief durch und genießen Sie die frische Luft! Streichen Sie noch einmal mit der Hand über das feuchte Moos! Schicken Sie eine letzte SMS nach Hause. Sie sind am Ende aller Dinge angelangt. Sie stehen an der Schwelle zum Jenseits.

DER EINGANG ZUR UNTERWELT

Am Eingang zum Jenseits stehen ein paar alte, **mannshohe Holzfiguren** rum, vor denen Sie keine Angst haben müssen. Vor allen Dingen aber sollten Sie sie nicht grüßen! Es sind nur Holzfiguren! Die wurden von Maya-Göttern dort hingestellt, um sich über die Fremdlinge lustig zu machen, die so doof sind und Holzfiguren grüßen! Ein Eingeborenenstreich zur Begrüßung, auf den hereinzufallen man leicht vermeiden kann. Wenn man's weiß.

Holzfiguren

Am Eingang sitzt auch ein alter Mann, der eine lebende Legende ist: **Abraham**! Abraham ist am 9. Oktober 2180 v. Chr. geboren, also weit über 4000 Jahre alt. Er hält hier Wache, damit die Guten nicht versehentlich in die Hölle geraten, etwa aufgrund veralteten Kartenmaterials.

Abraham
*9.10.2180 v. Chr.

Man kann aber davon ausgehen, dass Vadder Abraham mittlerweile weder besonders gut sieht noch besonders gut hört. Außerdem gehört er zu den »working poor«, die von einem Job alleine nicht leben können. Abraham hat zwei weitere Arbeitsstellen, eine davon im Paradies: Die Seligen dürfen dort in seinem Schoß ruhen. In der Hölle hingegen verweigert er den Verfluchten im vierten Kreis den letzten Tropfen Wasser. Wie er alle drei Aufgaben gleichzeitig bewältigt, wissen wir nicht. Fragen Sie ihn! Halten Sie ein Schwätzchen mit ihm. Verwickeln Sie ihn in ein Gespräch. Der Alte hat einiges erlebt und erzählt Ihnen sicher gerne davon! Anschließend können Sie wahrscheinlich einfach an ihm vorbeischlüpfen. Neben Abraham, links und rechts der Höhle, sitzen noch zwei funktionslose (christliche) Löwen. Gehen Sie durch diesen Eingang und, ja, lassen Sie alle Hoffnung fahren!

IM JENSEITS: ABSTIEG ZUR HÖLLE

Am Ostersonntag des Jahres 1300, als Dante seine berühmte Jenseitsreise antrat, war hier noch der direkte Eingang zur Hölle, aber mittlerweile sind ein paar Hundert Jahre vergangen, und die Unterwelt ist größer und ausdifferenzierter geworden. Was Sie also jetzt betreten, ist noch nicht die Hölle, sondern lediglich das Jenseits: ein finsterer und trister Ort, an dem man als Toter nach und nach seine Kräfte verliert, wo man aber nicht für irgendwelche Sünden bestraft wird. Egal, ob Sie Senegalese, Sumerer oder Skandinavier sind: Sie müssen jetzt zu Fuß bergab gehen, und das ziemlich lange. Mindestens 24 Stunden müssen Sie wandern. Vorsicht! Es wird berichtet, dass es in der Nähe einen so steilen Abstieg gibt, dass man neun Tage lang ohne Pause abwärts fiele, würden man hier ausrutschen. Also achten Sie auf Ihre Schritte!

Nach dem 24-Stunden-Abstieg treffen Sie auf sieben aufeinanderfolgende, weiter hinabführende Treppen in der Bauweise der Ural-Altai-Nomaden. Die Treppen sind getrennt durch **sieben Tore** – und sie sind eine architektonische Sensation: die vermutlich einzigen Treppen, die je von Nomadenvölkern gebaut wurden!

Die Tore sind aus grauem Sandstein; in die Mauern sind reumütige Sprüche und Wünsche geritzt; darunter die wahrscheinlich ältesten Graffiti der Welt, teilweise in altaramäischer Sprache und in ostafrikanischer Bildschrift.

Ab hier wird es langsam warm, obwohl Sie noch nicht in der Hölle sind: Jeder Treppenabstieg versiebenfacht die Temperatur. Vielleicht treffen Sie hier sogar schon auf eine leicht bekleidete junge Frau.

Eines der sieben Tore

Das ist die sumerische Göttin Inhanna. Sie muss auf dem Weg in die Unterwelt die sieben Tore durchschreiten, wobei ihr jedes Mal ein Kleidungsstück genommen wird. Nach diesem Striptease der besonderen Art kommt sie völlig nackt ganz unten an.

Ihnen wird jetzt der Zwiebel-Look helfen. Wenn Sie Ihre Kleidungsstücke ablegen, werfen Sie sie aber trotz der Hitze bitte nicht weg! Sie werden später für jeden Pullover dankbar sein. Es wird noch frostig!

In den Treppennischen, auf den Absätzen und unter den Torbögen lungern schon ein paar armselige Schattengestalten rum: Das sind Tataren – auch sie sind nicht gefährlich, sondern eher mitleiderregend: Wer hier rumhängt, ist in der Tatarei durch Tölpelei, Pech oder Unwissen umgekommen. Er wird nicht bestraft (wie gesagt, Sie sind noch nicht in der Hölle!).

DIE FAHLE EBENE

Unten angekommen, stoßen Sie auf eine recht weite, **karge Ebene**. Hier wächst nichts, der Boden ist aus vertrocknetem Lehm, ein **fahles Licht** wirft lange Schatten, in der Ferne ist Wetterleuchten zu sehen. Der Widerschein von Blitzen erhellt eine makabre Szenerie: Viele arme Seelen marschieren mal im Kreis, mal hin und her. Sie folgen bis in alle Ewigkeit einer Fahne, die ohne Ziel vor ihnen hergetragen wird. Dabei werden sie von Wespen gestochen. Sie bleiben bitte cool und benutzen Ihr Insektenspray.

Arme Seelen auf der Fahlen Ebene

Die da hinter dem Fähnlein hermarschieren, sind die Feigen und Unentschlossenen: Lauwarme Opportunisten, die nie den Mut besaßen, eine Meinung zu haben und eine Position zu vertreten. Sie verdienen es nicht einmal, in die Hölle zu kommen.

Auf Ihrem Weg könnte es vorkommen, dass Sie belästigt werden: In dieser Gegend irren die Seelen von nicht-initiierten jungen Männern, Verrückten, vom Blitz Getroffenen, afrikanischen Zauberern, Ertrunkenen und Verschollenen umher. Sie brauchen kein Mitleid zu haben, diesen Seelen geht es nicht schlecht. Auch sie werden nicht bestraft und müssen die Hoffnung auf Erlösung nicht aufgeben.

Ertrunkene

Nach etwa 20 Minuten Fußmarsch sehen Sie in der Ferne bereits eine Allee von überdimensionierten Ausmaßen. Rechts und links stehen jeweils fünf riesige Statuen. Die Statuen links sind Personifikationen von Krankheit, Hunger, Armut, Krieg und Leid, die rechten Statuen versinnbildlichen Gewissensbisse, Angst, Gefangenschaft, Trauer und Zwietracht.

DIE GROSSE ÜBERFAHRT

Hinter der letzten Statue senkt sich die Ebene und Sie sehen unter sich ein brodelndes Gewässer: Hier trennen sich die Flüsse Styx, Acheron und Kokytos. Am Ufer des Styx wende man sich in Richtung des eisenfarbigen Kahns, der dort vor Anker liegt. Sein Fährmann Charon ist ein alter Mann in Fetzen – ein berühmtes Original der Gegend! Lassen Sie sich nicht von seinem Äußeren abschrecken! Er strotzt vor grässlichem Schmutz, ist grau und struppig, trägt einen Bart und einen zerfetzten Umhang. Er ist zwar ein alter Griesgram, gilt aber als sehr zuverlässig, da er die Seelen über den Fluss setzt (Überfahrt mehrmals täglich). Dafür aber gibt es drei Bedingungen. Erstens: Man muss tot sein. Zweitens: Man muss ordnungsgemäß beerdigt worden sein. Drittens: Man muss den Fährmann mit einem Obolus (umgerechnet ca. 0,05 Euro, Stand: März 2007) bezahlen. Sollten Sie diese Bedingungen nicht erfüllen (und da Sie ja leben, erfüllen Sie die Bedingungen *nicht*), gibt es einen Trick: Sie brauchen einen goldenen Zweig (Zweig, Goldspray, erhältlich in jedem Bastelgeschäft). Zeigen Sie Charon den Zweig – er berechtigt Sie in jedem Fall zur Überfahrt!

Jene Seelen, die ohne Begräbnis blieben bzw. weder Obolus noch Goldzweig haben, müssen 100 Jahre am Ufer umherirren, bevor sie die Barke besteigen dürfen. Am Ufer ist deshalb ein ziemliches Gedränge, das kann lästig sein. Verstecken Sie den Goldzweig besser bis zum letzten Moment. Man sollte den Seelen nichts unterstellen – aber viele warten schon recht lange und sind ziemlich verzweifelt ...

Charon, der Fährmann

∽ Der Eingang zur Unterwelt ∾

Außer Charons Fähre gibt es noch weitere, exotische Möglichkeiten, den Fluss zu überqueren. Liberianische Verstorbene werden ein wenig flussabwärts von ihren Ahnen mit einem Einbaum hinübergeholt. Die Einbäume sind allerdings unsicher und schwanken stark. Man muss achtgeben, dass man nicht ins Wasser fällt! Dabei könnte man auch einfach hinüberwaten – aber nur, wenn man tot ist!

Eine besonders originelle Art der Überfahrt steht bolivianischen Ureinwohnern zur Verfügung: Sie können den Fluss auf dem Rücken eines wilden Alligators überqueren. Der Alligator setzt die Seele allerdings nur dann über, wenn der Bolivianer in der Lage ist, seinen eigenen Gesang rhythmisch durch das Schlagen eines Bambusholzes zu begleiten.
Noch ein wenig weiter flussabwärts stehen einige andere nervöse Südamerikaner: Sie können den Fluss nur dann überqueren, wenn sie auf einen glatten Baumstamm springen, der sehr schnell zwischen den beiden Ufern hin und her treibt. Sollten sie ins Wasser fallen, reißt ein bissiger Fischschwarm sie in tausend Stücke – was auch für Tote nicht schön ist.

Die Fahrt über den Styx ist bereits ein echtes Highlight Ihrer Reise. Auf diesen Klassiker wird kein Reisender verzichten wollen! Die Drei-Sterne-Aussicht ist überwältigend, denn in der Ferne sehen Sie bereits ein

Der Palast des Pluto

Leuchten – das ist der fahle Widerschein des **Palastes von Pluto**. Die magische Szenerie wird unterstrichen durch ein leichtes Flackern. Am anderen Ufer ragen ein paar hochaufgeschossene Zypressen schweigend in den roten Nachthimmel. Die drei Flüsse Styx, Acheron und Kokytos trennen sich hier und fließen in verschiedene Richtungen ab. Schauen Sie noch einmal ans zurückliegende Ufer: Sie lassen Ihr ganzes Leben zurück!

HÖLLENKÖTER ZERBERUS

Auf der anderen Seite wartet auf den Reisenden eine echte Herausforderung: Sie müssen **Zerberus** besänftigen, ein **Hunde-Ungeheuer** mit drei Köpfen. Dieser Köter ist dafür zuständig, dass kein Lebender das Reich der Toten betritt. Damit ist er Ihr natürlicher Feind! Es kann sogar sein, dass Sie gleich von mehreren Hunde-Ungeheuern mit drei Köpfen angefallen werden. In diesem Fall besänftigen Sie den *gelben* Hund, den mit dem schmutzigen, fettigen Bart und den roten Augenhöhlen. Sie werden ihn daran erkennen, dass die anderen Viecher sich nach ihm richten. Zum Besänftigen brauchen Sie einen Zauberkloß aus Honig und Kräutern, den Sie natürlich vorbereitet haben. Zerberus ist recht dumm – er wird den Kloß fressen und umfallen wie ein Dackel, der einen Meisenknödel mit Rattengift verschlungen hat.

Zerberus

EIN ECHTES RISIKO: DIE SCHWERTBRÜCKE

Sobald Ihr Fressfeind Zerberus eingeschlummert ist, können Sie sich auf den Weg machen: Sie wandern flussaufwärts dem Styx entgegen, entlang des Waldes mit Myrtenbäumen, wo die als Kinder Gestorbenen und die unglücklich verliebt Gestorbenen leben, bis Sie an eine Gabelung kommen. Hier müssen Sie zwischen zwei Wegen wählen: Der eine ist breit und bequem. Der andere ist eng und mit mannshohen Tabakpflanzen zugewachsen. Sind Sie weise und mutig? Folgen Sie dem engen Pfad und schlagen Sie sich den Weg mit Ihrer mitgebrachten Machete frei.

Wenn Sie sich durch den Tabakwald gekämpft haben, treten Sie auf eine Lichtung. (Hier wäre Zeit für eine Raucherpause.) Zirka 60 Meter weiter sehen Sie einen reißenden Abgrund. Über den Abgrund führt eine Brücke, die nur so breit ist wie die scharfe Seite eines Schwertes, vielleicht sogar nur so breit wie ein Haar. Hier müssen Sie rüber. Und das ist ein echtes Problem: Für die Brücke gibt es nämlich keinen Trick oder Kniff. Sie müssen es einfach schaffen. Das ist gefährlich und nur für Leute geeignet, die körperlich und seelisch in Topform sind. Jedes Jahr überschätzen sich hier unzählige Reisende und kommen um, wenn sie nicht vorher schon tot waren. Handeln Sie verantwortungsvoll!

Über dem Abgrund sehen Sie bereits menschliche Seelen fliegen: Das sind Jakuten, Mongolen oder Türken. Die bekommen für die Überquerung Flügel. Alle anderen müssen den konventionellen Weg wählen, und der ist recht vertrackt. Gute Menschen werden von einem jungen Mädchen über die Brücke geführt – überwiegt aber das Böse, dann kommt eine hässliche Alte. In diesem Fall verengt sich die Brücke immer mehr und es ist nicht unwahrscheinlich, dass die Seele in den Abgrund stürzt. Aber auch mit dem jungen Mädchen ist es schwer genug, denn aus dem Abgrund kommen böse Seelen und wollen einen hinabziehen, während von oben weißgekleidete, gute Geister um einen kämpfen. Viel Glück!

Zum letzten Mal werden Sie nun übrigens echte, lebende Menschen treffen, die nicht aus touristischen Gründen hier sind: Bis zur Schwertbrücke dürfen nämlich indianische Schamanen mitgehen und verstorbene Seelen begleiten. Danach ist auch für die Medizinmänner Endstation. Alle Menschen, die Sie jenseits dieser Brücke treffen, sind Abenteuer-Backpacker wie Sie.
Wer es nicht über die Brücke schafft, für den ist der Weg hier auf eine recht unerfreuliche Art zu Ende. Auf ihn warten im Abgrund lang dauernde Dunkelheit, schlechte Nahrung und Verzweiflungsschreie. Wir sind Optimisten und nehmen an, dass Sie wohlbehalten auf der anderen Seite ankommen werden und sich dann auf ein spektakuläres Ereignis freuen können: das Totengericht!

SPECIAL: IN TEUFELS KÜCHE

Die *cuisine infernale* genießt bei Feinschmeckern einen schlechten Ruf, irgendwo zwischen Dönerbude und Hungersnot. Und in der Tat: Auf Ihre liebgewonnenen Nachtigallenzungen an Kokos-Lavendel-Konfitüre werden Sie verzichten müssen. Doch auch wenn es immer wieder heißt, in der Hölle müsse man elenden Hunger und quälenden Durst leiden, gibt es hier doch überraschend abwechslungsreiche Nahrung. Sie ist recht einfach und rustikal, aber immerhin nahrhaft. Manchmal muss man sich zwar ein wenig überwinden, aber so hat ja jeder neue kulinarische Trend einmal angefangen. Erinnern Sie sich an früher! Vor 20 Jahren hätten Sie sich wahrscheinlich geweigert, rohen Fisch zu essen. Heute ist Sushi die Bulette des Yuppies. Und für den Fall, dass Sie bisweilen gerne eine Schweinshaxe essen: Den Gedanken findet man woanders richtig widerwärtig. Es ist also alles eine Frage der Einstellung. Wer mit offenen Augen und ohne Vorurteile durchs Leben geht, wird auch in der Hölle die eine oder andere Köstlichkeit entdecken!

SPEZIALITÄTEN

Vergessen Sie den Satansbraten! Derlei Gerichte sind maßlose Übertreibungen allzu eifriger Pädagogen. Kinder, die so genannt werden, können zwar schwer nerven; sie werden aber nicht gegessen – schon weil sie für ihre Ungezogenheiten überhaupt nicht in der Hölle landen. Lässliche Sünden wie »Zimmer nicht aufgeräumt« oder »frech gewesen« kann man mit ein, zwei Rosenkränzen büßen. In der Hölle gibt es keinen Braten, weder von Kindern noch von Tieren.

In den äußeren Höllenkreisen, wo die nicht allzu Bösen untergebracht sind, bekommt man genug zu essen, denn man leidet ja nur unter Hitze und Kälte. Gilgamesch berichtet uns allerdings, dass die Unbestatteten sich von Küchenabfällen und Straßendreck ernähren müssen. Normale Verfluchte hingegen bekommen hier bitteres Brot und salziges Wasser. Wer sich damit nicht begnügt, kann sich noch an etwas Staub und Lehm gütlich tun. Greifen Sie schnell zu – es gibt so schnell nichts Besseres: Andere Verdammte essen Mäuse, Hunde, Katzen, Gras, Blätter, Leder, Kuh- und Menschenkot. Sie essen auch andere Verfluchte oder nagen sich das Fleisch von den eigenen Fingern. Die Neigung, die eigenen Glieder zu verspeisen, ist in der Hölle recht verbreitet, für den durchschnittlichen mitteleuropäischen Magen aber nur schwer nachzuvollziehen.

Weiter unten, wo die Dämonen ihr Unwesen treiben, wo die Verdammten in Finsternis und Eiseskälte begraben liegen, gibt es die echte, landestypische Küche. Dort geht es allerdings ziemlich roh zu: Man ernährt sich von verfaulendem Blut, von Erbrochenem und von Fleisch, das mit Würmern übersät ist. Manch einer steht bis zur Brust in einem See aus Eiter und muss davon trinken. Dabei wird natürlich pausenlos weitergefoltert. Von diesen Spezereien zu kosten ist nur etwas für ganz Wagemutige – andererseits, unwohl ist Ihnen ohnehin die ganze Zeit; da wird Ihnen so ein bisschen Erbrochenes nichts mehr ausmachen.
Falls Sie Durchfall bekommen, essen Sie etwas Kohle. Es liegt ja überall genug rum.

FARNKRAUT
Vielleicht eine erträgliche Alternative. Suchen Sie Hine-nui-te-po auf, die »große Nachtfrau«! Sie hat Algenhaar, Haifischzähne und glühende Augen. Hine-nui-te-po ist gewöhnlich übellaunig und wird versuchen, Sie über den Pfad der verstorbenen Hunde davonzujagen. Wenn Sie ihr aber eine Handkeule aus grünem Stein schenken, wird Hine-nui-te-po besänftigt sein, Ihnen Farnkrautwurzeln kochen und in einem Korb mitgeben. Essen Sie sparsam davon – sie müssen vielleicht für die ganze Reise reichen!

TANTALOS

Der ehemals reiche **kleinasiatische König Tantalos,** der mitten in einem Höllenteich (tatsächlich aus köstlichem Süßwasser, hurra!) steht, bekommt gar nichts zu essen: Der Teich versiegt, sobald er versucht, daraus zu trinken. Fruchtbare Bäume umkränzen seinen Scheitel, aber sobald er versucht, von ihnen zu essen, wirbelt der Sturm die Äste empor. Warum wird er so bestraft? Einst durfte er an der Göttertafel speisen, stahl dabei aber Nektar und Ambrosia (→Essen und Trinken, Himmel) und verriet den Menschen Geheimnisse, die nicht für sie bestimmt waren. Aber es kommt noch doller: Um die Allwissenheit der Götter zu prüfen, schlachtete er seinen Sohn Pelops und setzte ihn den Göttern vor. Tantalos wurde natürlich sofort entlarvt, nur die Göttin Demeter aß gedankenverloren ein Stück von der Schulter, weil sie über den Verlust ihrer eigenen Tochter trauerte. Pelops wurde daraufhin wieder zusammengesetzt, das Schulterstück durch ein Stück Elfenbein er- und Tantalos in die Hölle versetzt. Hier steht er nun und hungert. Aber immerhin: Es gibt in der Hölle sowohl Obstbäume als auch Süßwasser. Das ist Ihre Chance! Vielleicht dürfen *Sie* ja ein wenig davon kosten ...

Tantalos

RESTAURANTS

In der Nähe des Acherusischen Sees (→Die Flüsse) gibt es sogar zwei echte Null-Sterne-Restaurants: Das erste ist ein großes und stinkendes Haus, in dem sich die Tische unter den schmutzigsten Gerichten biegen. Hier serviert man schrecklich stinkende Kadaver, deren Geruch Sie nicht ertragen können, auch wenn Sie sich die Nase zuhalten. Die Gäste sind verstorbene Mönche, die zu Lebzeiten unter dem Vorwand wichtiger Geschäfte an den Tischen der Herrschenden saßen und sich dort den Lastern der Völlerei (→Dritter Kreis: Völlerei!) und der Zecherei.

Das zweite Restaurant ist ein **Kellergewölbe** nach Art einer Krypta. Unter den Decken hängen riesige Speckseiten, so ähnlich wie Sie es aus einer spanischen Bodega kennen, in der die Schinken unter der Decke hängen. Diese Speckseiten sind jedoch mit schauderhaft schwefligem Feuer in Brand gesetzt worden, sodass ihr Fett in heftigem Fluss nach unten abläuft. Unter den Speckseiten sind in der Erde, also im Kellerboden, einige Gruben in der Größe menschlicher Körper ausgehoben. In diesen Gruben liegen die Gäste auf dem Rücken, und alle verschlingen mit offenem Mund und gierigen Kehlen das schweflige, kochende Fett. Diese Gruben sind für Verstorbene, die bei sich zu Hause gerne fett aßen und viel tranken. Eine Grube ist übrigens noch frei. Auf der leeren Grube steht *Ihr* Name. Die darüber hängende Speckseite ist auch für Sie ganz persönlich reserviert. Spooky, oder?

Restaurant

FLOSSEN WEG!

Bei der Planung Ihrer Jenseitsreise können Sie sich gerne einen sibirischen Ratschlag für Sterbende zu Herzen nehmen: Essen Sie vorher gut, aber trinken Sie mäßig! Auch wenn sich die Hölle mit besoffenem Kopf vielleicht leichter ertragen ließe, sollte es sich von selber verstehen, dass man auf Alkohol lieber verzichtet. Für einen Betrunkenen, egal ob tot oder lebendig, ist schon die Reise in die Unterwelt außerordentlich schwierig – und mehr noch der Aufenthalt: Wie leicht fällt man in einen Feuerpfuhl; wie schnell gleitet man auf einer Pfütze verwesenden Schlamms aus; wie rasch entzündet sich der ausgeatmete Alkoholdunst!

Aber: Der Teufel hat den Schnaps gemacht – deshalb werden Ihnen auch im Jenseits Betrunkene begegnen: Das sind patagonische Seelen von der Südspitze Südamerikas. Sie schweben in einem Zustand ständiger Trunkenheit durchs Jenseits. In einigen anderen Höllen-Landstrichen wird Alkohol allerdings gar nicht gerne gesehen: Dort werden Säufer mit einem am Hals hängenden Pokal und einer Mandoline in der Hand herbeigebracht, um an einem Kreuz aus Höllenfeuer abermals getötet zu werden. Weingeruch kommt aus ihrem Mund und belästigt selbst andere Verfluchte, sodass diese Gott um Hilfe anflehen gegen den verbreiteten Gestank. Nicht ganz verständlich, denn eine Fahne ist zwar etwas Unschönes, aber immer noch besser als der Geruch brennenden Eiters, der einen in der Hölle für schlechte Mütter anfällt!

In der hinduistischen Hölle stehen Männer, die Wein getrunken haben, direkt neben Golddieben und Mördern von Priestern. Ihnen drohen viele Jahre in der Hölle – eine Eins mit 56 Nullen!

Merkwürdigerweise wird es Ihnen am schlimmsten ergehen, wenn Sie im Jenseits einen Apfel essen. Auf gar keinen Fall Äpfel essen! Egal, ob Cox Orange oder Granny Smith: Ein Bissen, und Sie werden für immer in der Hölle schmurgeln! Eine Eins mit 56 Nullen an Jahren geht selbst für die schlimm-

> sten Verdammten irgendwann vorbei – aber wenn Sie als Lebender im Jenseits einen Apfel essen, ist es für immer aus! Und immer heißt: Immer!
> Genauso wenig sollten Sie zugreifen, wenn Sie irgendwo Grabbeigaben auf der Speisekarte entdecken. Wer von Grabbeigaben nascht, kann gleich sein Rückfahrtticket mitfressen. Er braucht es eh nicht mehr und muss seine Tage in *hell's kitchen* fristen.
> Vom Islam Verdammte (z. B. Christen) müssen in der Nähe von Tantalos so viel Wasser trinken, wie ein Kamel zu saufen pflegt. Das Wasser der Verfluchten aber ist verflucht heiß. Prost! Außerdem essen sie Früchte vom Baum Sakkum, die nach dem Verzehr den Körper zum Sieden bringen. Das Gefühl kennen Sie vom Verzehr eines Chicken-Döners mit scharfer Sauce. Trotzdem besser Finger weg!

DAS TOTENGERICHT

Was für San Remo das berühmte Gesangsfestival oder für Pamplona das legendäre Stierrennen, das ist für die Unterwelt das **Totengericht** – ein weiterer Höhepunkt jeder Jenseitsreise, den Sie nicht verpassen sollten! Solange der Jüngste Tag mit seinem Endgericht noch nicht stattgefunden hat, wird hier täglich Gericht über jede einzelne verstorbene Seele gehalten. Hier herrscht mehr Gedränge als vor dem Pariser Louvre. Reservieren ist allerdings zwecklos: First come, first serve. Sie als Unbeteiligter sollten sich ohnehin ein wenig abseits halten – hier werden schwerwiegende Entscheidungen getroffen. **Die Seelen stellen sich in vier Reihen an,** je nach Glaubenszugehörigkeit. Anschließend wird ihr Leben beurteilt. Vielleicht können Sie als Beobachter einige Urteile nur schlecht nachvollziehen – kommt ein fauler Wahrsager jetzt in die Hölle der Faulen (vierter Kreis) oder in die der Wahrsager (achter Kreis)? Was passiert mit einem Geizkragen, der eine gute Ehe geführt hat? Wird er für alle Zeiten auf einen Bratspieß gesteckt oder darf er im Elysium Schmelzbutter aus goldenen Tiegeln schlecken? Menschen verändern sich zu Lebzeiten, handeln komplex und widersprüchlich. Kein Mensch ist ja so eindimensional wie in den Strafregistern (→Die Kreise der Hölle) vorgesehen. Fest steht jedenfalls: Beim Strafgericht werden keine Fehler gemacht, auch wenn für uns manchmal schwierig zu verstehen ist, nach welchen Kriterien geurteilt wird!

Den Vorsitz der vier ständigen Senate des Totengerichts haben die folgenden Persönlichkeiten: Der Totengott Yama, die griechischen Könige Minos und Rhadamantys, der christliche Erzengel Michael sowie die ägyptischen Götter Osiris und Anubis. Und selbst diesen ausgewiesenen Experten fällt die Entscheidung jedes Mal schwer.

Yama · Minos und Rhadamantys · Osiris und Anubis · Michael

Die Vorsitzenden der vier ständigen Senate des Totengerichts

YAMA
Er tritt in zweierlei Gestalt auf. Experten halten es durchaus für möglich, dass hier ein Paar Zwillingsbrüder seinen Schabernack treibt. Den *hinduistischen* Yama erkennen Sie an seiner meist grünen Robe; manchmal trägt er auch Schwarz. Er hat bei sich: eine große Keule, einen Spiegel, ein Schwert sowie ein Seil, mit dem er seine Opfer bindet. Neben Yama schnaubt ein Büffel, um ihn herum jaulen Hunde mit furchterregenden Augen und großen Nasenlöchern.

Der Yama der *Tibeter* hingegen ist eine bösartige Gestalt mit einer Krone aus Totenschädeln, einem dritten Auge und langen, schwarzen Fingernägeln. Seine Füße ruhen auf einem nackten menschlichen Körper. An seiner Seite hält ein affenköpfiger Karmaführer die Waage der Gerechtigkeit. Links steht ein kleiner weißer Gott mit einem Beutel weißer Steine, rechts ein kleiner schwarzer Gott mit einem Beutel schwarzer Steine. Je nach Taten des Verstorbenen werden mehr schwarze oder mehr weiße Steine auf die Waage gelegt. Dies alles wird protokolliert von anderen Gottheiten als Zeugen und Schreiber: einem bullenköpfigen, einem skorpionköpfigen, einem eberköpfigen, einem furienköpfigen etc.

MINOS UND RHADAMANTYS
In der benachbarten Warteschlange richten der griechische König Minos und sein flachsblonder Bruder Rhadamantys. Sie sind weithin berühmt für ihre Weisheit und Gerechtigkeit. Bei ihrer Arbeit werden sie unterstützt durch einen Schöffen, also einen Laien, der durch das Los bestimmt wird. Vielleicht haben Sie Glück und das Los fällt auf Sie! Dann haben Sie nachher was zu erzählen ...

ERZENGEL MICHAEL
Die dritte Warteschlange ist die christliche: Der Erzengel Michael ist nicht nur Herrscher über die Himmlischen Heerscharen und damit auch Schutzpatron der Soldaten, der Polizisten und der Deutschen (deshalb auch der »Deutsche Michel«) – hier beim Partikulargericht wägt er die Seelen der Verstorbenen. Partikulargericht heißt es deshalb, weil die Christen ja noch auf das große Endgericht warten! Leider geht es beim Michel eigentlich am ungerechtesten zu: Manchmal hängen sich nämlich kleine Teufelchen an die Waagschale der bösen Taten, um das Ergebnis zugunsten der Hölle zu verändern! Gemein!

OSIRIS UND ANUBIS

Nebenan, beim ägyptischen Totengericht des Osiris, wiegt Anubis das Herz des Verstorbenen mit der Goldwaage und verkündet das Resultat. Das Herz darf allerdings nicht schwerer sein als die auf der anderen Schale liegende Feder der Göttin Ma'at. Ziel jedes Verstorbenen ist es, täglich auf der Sonnenbarke des Re mitfahren zu dürfen. Zeitigt das Wiegen des Herzens jedoch ein ungünstiges Ergebnis (hat der Verstorbene vielleicht zu Lebzeiten einen Grenzstein zuungunsten einer Witwe versetzt? Oder Kot gegessen?), so wird die Seele schweren Herzens von dem **Ungeheuer Ammut** (Krokodilskopf, Löwenrumpf, Nilpferdhinterteil) in Stücke gerissen. Das mag schrecklich sein, aber bitte unternehmen Sie nichts, um die Zeremonie zu stören – Sie werden noch weitaus schlimmere Dinge zu sehen bekommen!

Ammut

Es gibt noch eine weitere Seelen-Ansammlung: kalifornische Indianerseelen, die einen Felsen passieren müssen. Waren die Indianer schlechte Menschen, so stürzt der Felsen auf sie herab und zermalmt sie. Waren sie gut, dürfen sie passieren. Dieses »Dschungelcamp – Director's Cut« ist nur für echte Teufelskerle und eigentlich eine tolle Formatidee fürs Fernsehen. Spannender kann Reisen nicht sein!

DIE WEGKREUZUNG

Wenn Sie genug gesehen haben, folgen Sie den nichtindianischen Seelen – sowohl den verurteilten als auch den freigesprochenen, die alle noch kurz in dieselbe Richtung gehen. Aber wahrscheinlich ahnen Sie es schon: Jetzt teilt sich bald der Weg. Die guten Seelen dürfen ins Paradies, die bösen müssen ins Tal der Verruchten. Der Weg ist gut ausgeschildert – auch wenn Sie und die anderen Touristen die Einzigen sein dürften, die jetzt noch wirklich die Wahl haben.

An der Kreuzung steht ein Wegweiser mit vier Richtungen, von Maya-Indianern aufgestellt: Der rote Pfeil zeigt nach links, nach Osten. Dieser Weg führt ins Paradies. Der gelbe Pfeil weist geradeaus nach Süden, ins Nirgendwo. Aus der weißen Richtung, aus Norden, kommen Sie gerade. Der schwarze Weg führt Richtung Sonnenuntergang, nach Westen. Der schwarze Weg kann übrigens sprechen. Er wird Sie auffordern, ihm zu folgen. Er führt direkt in die Hölle.

DER ROTE WEG

Izoi-tamoi

Unser eigentlicher Weg ist der schwarze, aber natürlich können Sie auch erst einmal dem roten Weg folgen: Dann begegnen Sie eventuell dem **bolivianischen Izoi-tamoi**, dem **»Großvater der Würmer«**. Von weitem sieht er riesig aus, aber er wird kleiner, je näher man an ihn herankommt: Wie Herr Tur Tur aus »Jim Knopf« ist er ein **Scheinriese**. Lassen Sie ihn links liegen, er wird Ihnen nichts tun. Leider ist es selbst auf dem roten Weg ziemlich dunkel. Schwärme von riesigen Fledermäusen flattern hier umher. Jetzt können Sie sich glücklich schätzen, wenn Sie ein Strohbündel und ein Feuerzeug dabei haben, um den Weg zu beleuchten (den Verstorbenen in Bolivien wird zumindest das Strohbündel mit ins Grab gelegt). Damit die Fledermausgiganten die Fackel nicht auslöschen, müssen Sie die Fackel hinter dem Rücken tragen! So legen Sie ein paar Kilometer zurück, bevor es sich wieder ein wenig aufhellt.

Sobald es heller wird, sehen Sie einen Kapokbaum *(Ceiba pentandra)*, in dessen Zweigen Vögel sitzen. Schießen Sie einen Vogel (Blasrohr!) und rupfen Sie ihn, um später in dem Federschmuck ein Geschenk für Ihre

Ahnen zu haben. Wenn Sie hungrig sind, legen Sie eine kleine Rast ein und braten Sie sich den Vogel über Ihrer Fackel.
Indem Sie kurz gegen den Kapokbaum treten, können Sie Ihre lebenden Verwandten in der Welt übrigens wissen lassen, dass Sie gut angekommen sind.

An einer letzten Kreuzung achtet ein weiterer Vogel darauf, ob Sie, wie alle guten Ureinwohner Boliviens, Lippen und Ohren perforiert haben. Da Sie kein Ureinwohner Boliviens sind, können Sie diesen Vogel ignorieren. (Notfalls Reisepass oder Personalausweis vorzeigen.) Am Kapokbaum beginnt die Straße, die zum Paradies führt: Eine Allee mit prächtigen Bäumen, auf denen Vögel sitzen. Wer hier dem Weg folgt, kann sich auf das erste aztekische Maisbier freuen! Und natürlich auf das Zauberwasser, das Ihnen Ihre Jugend und Ihr gutes Aussehen wiedergibt ... Aber zunächst wollen wir ja in die Hölle. (Genauere Angaben zu Paradies und Himmel ab S. 105)

DER SCHWARZE WEG

Wenn Sie am Maya-Wegweiser der Aufforderung des *schwarzen* Weges gehorchen, ihm zu folgen (Sie erinnern sich: Er kann sprechen!), so sind Sie in Gesellschaft der Verdammten unterwegs in die Hölle. Die Reisenden, die Sie treffen, sind also nicht so gut drauf. Das kann ihnen auch keiner verübeln, denn auf sie warten bald schlimme Folterungen, die nur ein teuflisches Hirn zu ersinnen vermag. Der Weg führt weiter bergab, und ab jetzt geht alles recht schnell. Plötzlich werden Sie von monströsen Schatten angefallen: Schatten von Kentauren, Harpyien und Gorgonen. Es sind nur Schatten, also keine Panik. Da Ihre Begleiter auch nur Schatten sind, also von ihresgleichen angegriffen werden, ist es für diese natürlich viel gruseliger. Der Weg wird nun feucht und modrig, links und rechts liegen dunkle Sümpfe, aus denen Sie leises Seufzen hören – das sind ungetaufte Kinder. Aus der Ferne vernehmen Sie jetzt schon das (später ohrenbetäubende) Rumpeln krachender Felsen. Nach einiger Zeit stoßen Sie auf die Ursache des höllischen Krachs: den Phlegethon, ein Fluss, der nicht etwa Wasser führt: Er wälzt vielmehr dröhnende Felsen mit sich fort. Manche davon haben rote Flecken, das sind die Überreste zermalmter Sünder, denn der Phlegethon führt direkt aus der Hölle heraus.

DER PALAST PLUTOS

Jenseits des Ufers steht ein Palast, wuchtig, mit drei Mauern geschützt vor den Felsen des Phlegethon. Er hat eigentlich zwei Besitzer: Pluto und den türkischen Gott der Unterwelt, Erlik Khan, halten jeweils 50 % der Besitzanteile. Oben auf einem **eisernen Turm** sitzt eine Frau namens **Tisiphone**, mit blutfarbenem Umhang und ein paar Schlangen in der linken Hand. Sie werden Stöhnen hören, Hundegebell und Eisengeklirr – sogar noch lauter als das Rumpeln des Flusses.

Eine Brücke führt über den Fluss in den Innenhof der Burg. Am Burgtor lagert eine wunderliche Gestalt: die grässlich **zischende Lernäische Schlange** (Spitzname: Hydra). Diese Schlange ist übrigens eine Schwester des Höllenhundes Zerberus, hat aber im Gegensatz zu diesem nicht drei, sondern sogar sieben Köpfe. Schlagen Sie bitte keinen davon ab – für jeden abgeschlagenen Kopf werden zwei neue nachwachsen!

Tisiphone

Außerdem ist sie bereits tot: Herakles hat sie vor langem bezwungen, erschlagen und hier angekettet. Kommen Sie ihr trotzdem nicht zu nahe – auch der Giftatem eines Schattenwesens könnte Sie umhauen! Sicher ist sicher.

Vermutlich wandern Ihre Augen schon weiter nach rechts, zu einem klaffenden Rachen: dem Höllenschlund. Es lohnt sich, aber vorher noch einen Blick zurück über die Burgmauer zu werfen. Der Fluss, der, vom anderen Ufer betrachtet, noch Felsen mit sich führte, hat sich verändert. Aus dieser Perspektive sehen Sie, dass der Fluss jetzt Blut führt. Für Badefreunde: Das hiesige Ufer ist voller Flammen, während das jensei-

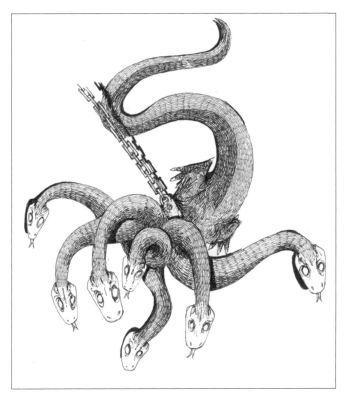

Hydra

tige aus rotem Eis besteht: gefrorenes Blut. Nur für geübte Schwimmer geeignet!

Im Burghof weiterhin beachtenswert ist ein **Brunnen, aus dem Menschengeister in Form feuriger Kugeln springen** und wieder in der Tiefe versinken. Der Sinn dieser Übung ist in der Höllenforschung umstritten. Es könnte ein sportlicher Wettbewerb sein, aber auch eine Art Feuerwerk.

Wenn Sie auf dem ansonsten völlig verlassenen Platz Klagelaute und furchtbares Lachen vernehmen, handelt es sich um eine Schar **böser Geister**, die heulende und stöhnende Menschenseelen mit sich führen. Aus den Mündern und Nasen der Geister stieben Flammen. Sie tragen feurige Widerhaken und Zangen und werden auch Sie zu greifen versu-

Brunnen

chen. Halten Sie sich also fern und versuchen Sie nicht, den armen Sündern zu helfen – es ist zu spät für sie. Sie sind verbranntes Fleisch.

Doch nun schnell zum Höllenschlund! Der Eingang ist ein mit Zähnen bewehrter Tierrachen, aus dem Übelkeit erregende Dämpfe aufsteigen. (Odol-Spray bitte steckenlassen – mit handesüblichen Mengen ist hier nichts auszurichten). Außerdem schlagen Ihnen riesige Flammen und Funkengarben entgegen.

Einst wurde ein Mann namens Wilhelm von St. Thierry von einem Engel hierher getragen, ganz ohne die mühselige Anreise. Allerdings war er von dem Heulen und Zähneknirschen so entsetzt, dass er die Hölle lieber doch nicht besuchen wollte und umkehrte. Sie sind sicher tapferer: Denn das, lieber Reisender, ist der **Tartaros,** die Hölle der Verdammten. Und hier geht Ihr Abenteuertrip erst richtig los ...

Böser Geist

ENTDECKEN SIE LUZIFERS REICH!

DER GANG ZUM KRATER

Jetzt heißt es: Anschnallen! Wappnen Sie sich mit Ihrem feuerfesten Anzug gegen die Hitze, setzen Sie die Gasmaske auf und springen Sie durch das Höllentor hindurch! Sie werden für kurze Zeit nichts sehen können, weil Ihre Augen erst geblendet werden, sich dann aber an das Dunkel gewöhnen müssen. Denn hinter dem Tor brennt zwar überall loderndes Feuer, trotzdem ist es stockfinster. Das ist ein bisher ungeklärtes Naturphänomen, an dem sich schon Generationen von Wissenschaftlern die Zähne ausgebissen haben. Eine Verwandtschaft zu den Schwarzen Löchern wird allerdings ausgeschlossen – sonst hätten Sie, wenn Sie da wieder rauskommen, die Größe eines Getreidekorns.

Sobald Sie also wieder etwas sehen können, werden Sie feststellen, dass Sie sich nun innerhalb einer kolossalen Festung aus Eisen befinden. Hinter dem Eingang ist ein sehr langes, schmales Gässchen, gleich einem niedrigen, finstren und engen Backofen. Wenn Sie es nicht an den Bandscheiben haben, gehen Sie gebückt hindurch, anstatt zu kriechen: Der Boden ist eine einzige, sehr schmutzige Wasserpfütze, die einen pestilenzartigen Gestank ausströmt und von hässlichem Ungeziefer wimmelt. Am Ende der Gasse finden Sie eine Vertiefung in der Mauer, einer Altarnische gleich. Vielleicht entdecken Sie, an die Wand gepresst, noch die verängstigte **heilige Teresa von Avila**, der wir diesen Weghinweis verdanken. Man kann dort allerdings weder sitzen noch liegen, weil kein Raum da ist. Die Mauern selbst drücken sich langsam zusammen, alles ist zum Ersticken.

Heilige Teresa

Am Ende der Gasse weitet sich der Weg, und nach ein paar Schritten eröffnet sich Ihren Augen ein einzigartiges Schauspiel. Wie ein Canyon erstreckt sich der **riesige Höllenkrater** vor Ihnen und Sie sehen das grandiose Panorama: Rote Sonnen tropfen in Pechmeere. Eine große Sense am westlichen Horizont wirft Blitze auf die hohen Fluren. Rote Herzen zucken in gefrorenen Eismeeren. Schwefelsümpfe dampfen gelb in der Ferne. Von allen Seiten dröhnt und stampft es.

Höllenkrater

An der Innenseite des Kraters windet sich ein schmaler Fußweg spiralförmig hinab. Wenn Sie nicht schwindelfrei sind, sollten Sie hier nur mit einem erfahrenen Bergführer absteigen. Gutes Kartenmaterial gibt es im Fachhandel. Der Grieche Hesiod beschreibt den Weg, als wäre die Hölle ein Krug oder eine Höhle, zutreffender ist aber wohl eher das Bild eines Trichters oder Kraters. Man könnte den Eindruck gewinnen, die geologische Formation sei vulkanischen Ursprungs, weil es allenthalben faucht und brennt. In Wirklichkeit aber stammt der Krater von einem gewaltigen Einschlag: Als Luzifer aus dem Himmel direkt in die Hölle stürzte, rummste er so gewaltig auf, dass er eine kilometertiefe Delle hinterließ. An deren Boden liegt er auch heute noch (→neunter Kreis).

Der Trichter führt später direkt auf den Nabel Luzifers zu, den Sie von hier aber noch nicht erkennen können. Vielleicht erinnern Sie sich: Wenn Sie von hier einen Stein in den Krater würfen, würde er erst in 70 Jahren auf Luzifers Nabel prallen (→Landeskunde). Das Hinabwerfen von Steinen ist an dieser Stelle aus versicherungsrechtlichen Gründen allerdings strengstens untersagt!

AM WEGESRAND

Die Geräusche von Schlägen, die Schreie und das Kettengerassel sind zuerst ein wenig gewöhnungsbedürftig, aber sobald Sie den Lärm ertragen können, sollten Sie sich aufmachen und dem Fußweg bergab folgen. Er ist von knietiefen Gruben gesäumt, die mit glühenden Kohlen gefüllt sind (gut geeignet für Raucherpause!). Links und rechts vom Wegesrand stehen überall Folteranlagen. Wiederbelebte Leichen und verwesendes Fleisch stoßen einen faulig stinkenden Geruch aus, den selbst die Teufel kaum ertragen können. Auf Schritt und Tritt tappen Sie in Unrat, Faulendes und Kot. Rauch, Schwefel und stinkendes Pech machen das Atmen zur Qual. Man muss (trotz Gasmaske) von dem Gestank erbrechen. Machen Sie sich nichts daraus, das passiert hier jedem. Sie hören Schluchzen, Zähneknirschen und Wehklagen. Sie befinden sich jetzt fast genau über der Kloake des Universums, einer von allen Seiten verschlossenen riesigen Grube aus Schwefel und Asphalt. Halten Sie sich in der Mitte des Weges! Gehen Sie zügig, bleiben Sie nicht stehen – Sie haben eine weite Strecke vor sich. Leider ist nicht gut planbar, was an Hindernissen auf Sie wartet: Siedendes Pech kann Ihnen den Weg versperren, Schneeverwehungen und plötzliche Nacht behindern die Sicht. Würmer, Feuer, geschmolzenes Blei und entflohene Seelen werden Sie am Weitergehen zu hindern versuchen. Außerdem müssen Sie auch noch über die Höllenflüsse! Wenn Sie sich nicht beirren lassen, müssten Sie trotzdem zügig vorankommen. Zeit ist hier aber nicht sehr wichtig, denn alles, was passiert, wird ohnehin zeitlich auseinandergezogen. Und wer hier gefoltert wird, ist in der Regel sowieso auf ewig verurteilt (→Aufenthaltsdauer). Wenn Sie anschließend das Paradies besuchen, holen Sie als Lebender die verlorenen Stunden aber locker wieder herein, denn dort wird die Zeit zusammengezogen, sodass Sie grob bei plus/minus null rauskommen müssten.

DIE FLÜSSE

Die Flüsse der Hölle fließen seitlich den Krater hinab. Sichtbar sind aber nur die Sturzbäche an der Oberfläche, die sich in den Abgrund ergießen. Woanders fließen die Ströme unterirdisch weiter und auch wieder den Krater hinauf. Wie uns Sokrates berichtet, sind alle Flüsse durch ein gigantisches Pumpsystem miteinander verbunden. Sie führen bald warmes, bald kaltes Wasser.

Im **Phlegethon** (dem Fluss des Feuers) schwimmt, wer sich an Vater oder Mutter vergangen hat (→siebter Kreis). In den Fluss der Klage, den Kokytos, werden Mörder geworfen (→neunter Kreis). Dieser Fluss führt Eis und wird von einem **riesigen schwarzen Mann** mit einer Keule bewacht. (Kleines Trinkgeld erbeten. Bitte nicht ansprechen!)

Werden Mörder, die im Kokytos schwimmen, in der Nähe des Acherusischen Sees vorbeigetrieben, fangen sie an zu schreien und rufen nach denen, die sie seinerzeit umgebracht haben. Wenn sie ihre früheren Opfer herbeigerufen haben, betteln sie um Erbarmen. Finden sie Erbarmen, dürfen sie aussteigen und zum nächsten Fluss, der **Lethe**, gehen. Dort dürfen sie dann Vergessen trinken. Die weiteren Flüsse sind der **Styx** (der Fluss des Hasses) und der **Acheron** (der Fluss des Leids). Alle Flüsse münden auf halber Höhe in drei Seen, die auf einem Hochplateau liegen: Ein See ist mit brodelndem Gold gefüllt, der

Wächter des Flusses Phlegeton

zweite mit gefrorenem Blei und der dritte mit aufgewirbeltem Eisen. In diese Seen werden die bösen Seelen, gemäß den metallurgischen Traditionen dieser Region, der Reihe nach getaucht. Daneben arbeitet eine Schmiede die Seelen für ein eventuelles weiteres Leben um. In der Nähe ist noch ein weiterer großer See (ohne Abfluss), gefüllt mit brennendem Schlamm, in dem etliche Menschen stecken.

DIE VERDAMMTEN

Wir machen uns zunächst weiter an den Abstieg. Links und rechts von Ihnen wird gefoltert, was das Zeug hält. Arme Seelen laufen entlang Ihres Weges schreiend vor Teufeln und Dämonen davon, die sie mit Mistgabeln einfangen, dann mit Schubkarren zu den Folterstätten karren und anschließend auf Teufel komm raus quälen: Die Sünder werden bis zur Weißglut erhitzt, geschmolzen und mit Hammerschlägen zusammengeschmiedet. Andere Leiber von Verdammten werden auseinandergezogen, um mehr Fläche für die Torturen zu bieten. Der **Riese Tityos** z. B., der zu Lebzeiten die schöne Leto befummelt hatte, liegt zur Strafe am Ufer des Acheron auf dem Boden. Sein Leib ist auf zirka 150 Hektar Fläche ausgewälzt, während zwei Geier seine Leber zerhacken.

Tityos

Wieder anderen Verfluchten wird die Haut abgezogen. Anschließend werden sie mit Dornensträuchern ausgepeitscht. Ihre Zungen leuchten wie rot glühende Eisenbarren, ihre Lippen sind glühende Kupferbleche, ihre Lungen sind wie feurige Blasebälge und ihr Magen ist wie ein Schmelztiegel, in dem man die härtesten Metalle verflüssigt. Manche Verdammten sehen aus wie Leichen (wie auch sonst?), manche sind glühend rot, als würden sie brennen. Manche sind durch Geschwüre und Blattern entstellt, bei vielen ist gar kein Gesicht mehr zu erkennen, stattdessen nur etwas Struppiges und Knöchernes. Die Verdammten hier sind stinkende und infame Böcke mit schmutzigen, stinkenden, hässlichen, abstoßenden, grauenerregenden Körpern. Hier herrscht Gejammer, Geheul und Geschrei. Man hört allenthalben Verwünschungen, Flüche und Lästerungen gegen Christus und alle Heiligen.

Auf Ihrem Weg bergab zweigen links und rechts immer wieder Räume und Wege ab, in denen sich **Seiten- und Unterhöllen** befinden. Einige Höllen sind Felsgrotten, Felsspalten oder Stollen von Bergwerken. Einige erscheinen wie Trümmer von abgebrannten Häusern. Andere Höllen verfügen nur über Dirnenhäuser, es gibt aber auch wüste Höllen. An den Hängen und in den **Seitenhöllen** sind einige Leiber auf Räder geflochten, andere warten, in Ketten geschlagen, seufzend auf ihre Peinigung. Überall versuchen **schreiende Seelen**, sich von ihren Fesseln zu befreien.

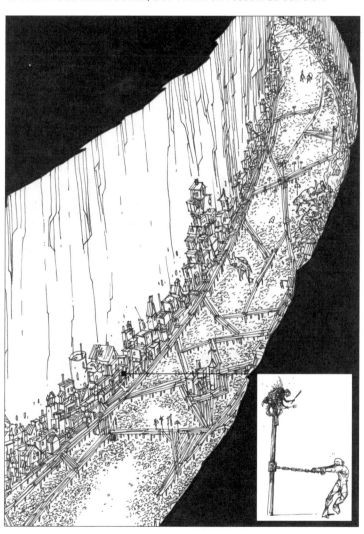

Nebenhölle; Detail

Natürlich setzen viele alles daran, ihren Folterern zu entkommen und Sie um Erbarmen anzuflehen. Aber Sie können hier kaum etwas ausrichten, im Gegenteil: Wenn Sie jetzt nur einem Einzigen helfen, werden sich alle Seelen auf Sie stürzen, denn lebende Menschen sind hier rar. Deshalb gehen Sie besser zügig weiter! Am besten halten Sie den Blick streng geradeaus gerichtet, denn wenn Sie den Hang hinuntergucken, entdecken Sie überall gepfählte, zerrissene, verstümmelte, gesottene und gebratene Körper. Überall liegen durchbohrte und abgeschnittene Geschlechtsteile herum, Würmer nagen an zerfetzten Herzen. Eiterpfützen versickern im Boden.

Wem das nichts ausmacht, der kann etwas weiter unten eine kleine Pause an der **althinduistischen Töpferscheibe** machen: Auf der sich schnell drehenden Scheibe stehen Sünder. Ein messerscharfer schwarzer Faden durchschneidet die Körper vom Scheitel bis zur Sohle.

Althinduistische Töpferscheibe

Andere Sünder werden nebenan in Öl und Eisenspänen gekocht, bis ihnen das Mark aus den Knochen spritzt. Geier zerfetzen ihre Gliedmaßen und fressen sie anschließend. In der Nähe werden Männer von Vögeln mit eisernen Schnäbeln gepeinigt. Ihre Sünde zu Lebzeiten: Sie haben Kühe von der Tränke ferngehalten.

Eisenschnabelvögel

Neben der Töpferscheibe stehen ein paar Zelte. Dort gleiten sündige Sioux-Indianer auf dem spiegelglatten Weg vor ihren Tipi-Zelten aus. Dann fallen sie auf die Erde zurück und müssen ab sofort unsichtbar, hungrig und nackt auf der Erde umherstreifen. Angesichts der Alternativen, die ringsumher zu sehen sind, ist das sicher nicht die schlechteste Lösung. Um in den Genuss von so leichten Qualen wie Hunger und Nacktheit zu gelangen, hätte man zu Lebzeiten die Regeln der Sioux missachten müssen, also einen Büffel beleidigen oder mutwillig Bärenfett vergeuden.

Es gibt aber ziemlich weit oben und etwas abseits auch eine ganz gemächliche Hölle: Vielleicht treffen Sie hier den **ehemaligen Einsiedler Diogenes!** Statt in einem Fass lebt er in einem purpurnen Umhang mit einem Zepter.

Diogenes und Alexander

Er schwelgt im Luxus. **Alexander der Große,** der sich zu Lebzeiten keinem Menschen hat beugen müssen (außer dem Mann hinter der Silbermauer →Durchs Land des Priesterkönigs Johannes), ist sein Leibsklave und flickt ihm die Hosen.

Der persische Großkönig Xerxes arbeitet hier als fliegender Senfverkäufer und bekommt ständig seinen Senfkübel vollgepisst, da er seinen Senf zu teuer verkauft. Andere ehemalige Prominente arbeiten als Rosenkranzvermieter, Froschjäger oder Kresseverkäufer. Der Karthagerfürst Hannibal arbeitet als Fliesenleger, Julius Cäsar muss Schiffe mit Teer abdichten und Kleopatra jobbt als Zwiebelverkäuferin. Das alles ist zwar etwas demütigend, aber es gibt Seelen, die trifft es deutlich härter!

DIE WAHL DER QUAL

Was also kann einem alles blühen in der Hölle? Der berühmte Regensburger Höllenreisende Honorius Augustodunensis hat lediglich neun Martern auf der Pfanne: glühende Ketten, Feuer, Kälte, Riesenschlangen, Gestank, taub machender Lärm, dichteste Finsternis, Scham und monströse Dämonenfratzen. Tatsächlich sind es allerdings wesentlich mehr Qualen. Der Wahrheit schon näherkommen dürfte die Schätzung in der Apokalypse des Johannes: Sie kennt 1444 verschiedene Martern!
Der Höllenexperte Pierre Coton weiß zu berichten, dass alle Qualen, die es auf der Erde gegeben hat und geben wird, nur milder Tau sind im Vergleich zu den Martern der Hölle. Allein, wenn Sie an der Wegkreuzung zum ersten Kreis der Hölle nach unten gucken, sehen Sie glühende Rüstungen, Folterbänke, Grillroste auf Kohlenglut, Rasiermesser, siedende Kessel, Räder mit Widerhaken, metergroße Skorpione, Stiere aus Metall, Mühlsteine und glühende Helme. Es kriechen Drachen und Schlangen umher, die armen Seelen erleiden Qualen wie Enthäutung, Ausrenken der Glieder, Verstümmelung, Pfählen, Nierenkoliken, Herzanfälle und Nervenkrämpfe; insbesondere Letztere können auch im verstorbenen Zustand recht lästig sein. Darüber hinaus herrschen wütender Hunger und unerträglicher Durst (→Essen und Trinken).

Dem Reisenden offenbart sich also scheinbar ein dampfendes Chaos, eine fauchende Kriegsmaschinerie des Todes, die keinen erkennbaren Regeln folgt. Was auf den ersten Blick so beliebig und willkürlich erscheint, hat allerdings durchaus System. Dank der folgenden Einführung dürfte

Ihnen die Logik der Höllenwelt mit ihren neun Kreisen etwas vertrauter werden.

Alle Verdammten, die Sie ab sofort treffen werden, erfahren ein Schicksal, das sie selbst erwählt haben. Keine Strafe ist zufällig – vielmehr ist alles feinfühlig an die jeweiligen Sünden angepasst: Jähzornige zerfetzen sich selber mit wütenden Bissen; Dieben wird ihre Persönlichkeit gestohlen – sie müssen sich pausenlos verwandeln etc. Je tiefer Sie in die trichterförmige Hölle hinabsteigen, desto schwerer sind die Sünden der Verdammten. Der Windung der Spirale folgend, gehen Sie jeweils einmal um den Trichter herum, um schließlich den Kreis darunter zu betreten. Hier oben z. B. finden Sie Ungläubige. Weiter unten treffen Sie auf Verfressene, Mörder und Immobilienmakler. An den Wegrändern säumen Büsche den Abgrund – auch das sind sündige Menschen! Sie wurden in Gebüsche verwandelt und können durch Brechen eines Zweiges verwundet werden. Wenn Sie auf dem Weg folternde Teufel treffen, die Ihnen mit obszönen Gesten scheinbar drohen, seien Sie nicht beleidigt! Die Gesten sind mitnichten als Drohung gemeint, sondern im Gegenteil ein spezieller Touristen-Service: Sie dienen als Hinweis darauf, für welche Untat die armen Seelen gefoltert werden!

DIE KREISE DER HÖLLE

IM ERSTEN KREIS DER HÖLLE

Der erste Kreis der Hölle ist von begrenztem Interesse für Abenteuer-Touristen – es sei denn, Sie sind Altphilologe und haben ein paar Fragen an Homer oder Ovid. Hier treffen Sie nämlich tugendhafte Weise und Dichter aus vorchristlicher Zeit. Sie können z. B. Homer fragen, ob er wirklich blind war, oder Sie lassen sich von Archimedes die Zahl Pi erklären. Die Männer sind um ein Feuer versammelt und verdaddeln ihre Zeit in gramvoller Sehnsucht. Ihre Sünde bestand zu Lebzeiten lediglich darin, dass sie Heiden waren. Weil sie aber ja nichts dafür können, werden sie auch nicht gequält. Wenn Sie sich diesen Kreis ersparen möchten, um direkt ans Eingemachte zu gelangen, können Sie vorsichtig dem kleinen Saumpfad bergab folgen oder direkt den Abhang runterrutschen. Sie sparen so eine ganze Runde um die Hölle herum.

DER ZWEITE KREIS: WOLLUST!

Wollust, Sex, Zügellosigkeit! Das Verbotene hat natürlich immer seinen Reiz – aber eben nur, solange es verboten ist. Wenn Zügellosigkeit zum Alltag wird, bleibt oft nur Trostlosigkeit übrig. Deshalb macht man sich im Swingerclub ja auch lieber über den Kartoffelsalat her als über die bestrapste Sachbearbeiterin vom Ordnungsamt. Den Wollüstigen im zweiten Kreis der Hölle bleibt aber nicht einmal der Kartoffelsalat. Sie werden wie Vogelschwärme umhergescheucht, weil sie sich auf Erden von ihren Trieben haben leiten lassen. Außerdem wird ihnen die Brust mit einer Igelhaut zerstachelt, was nur eingefleischten SM-Wollüstigen Vergnügen bereiten dürfte. Den Hartgesottenen unter Ihnen ist eine benachbarte Höhle mit kochendem Schlamm zu empfehlen: Über dem Schlamm werden Ehebrecher an den Füßen aufgehängt – die Köpfe im brodelnden Schlammpfuhl –, weil sie die Institution der Ehe auf den Kopf gestellt haben.

Ehebrecher

Vielleicht kennen Sie den Westflügel der Kathedrale von Bourges: Dort gibt es ein Relief zu bewundern, auf dem sich Schlangen und Kröten an die Brüste unkeuscher Frauen hängen und an den Geschlechtern Wollüstiger nagen. Vergessen Sie den müden Abklatsch aus Stein – hier in der Höhle erleben Sie live unkeusche Mönche und Nonnen, die von einem Monster mit Eisenschnabel verschlungen, von diesem verdaut und in Gestalt von Exkrementen wieder ausgeschieden werden. Ein Spektakel, das man nicht alle Tage zu sehen bekommt! Aber es kommt noch mehr.

Monster mit Eisenschnabel

DRITTER KREIS: VÖLLEREI!

Sie wissen ein ordentliches Porterhouse-Steak zu schätzen? Sie lieben XXL-Burger? Hier im dritten Kreis treffen Sie Ihre Kollegen: den Mann, der Ihnen vor Jahren bei der Weihnachtsfeier den letzten Krebsschwanz vor der Nase weggemopst hat; die Frau, die 1986 auf der »Traumschiff«-Kreuzfahrt nach Madeira schon um 18:55 Uhr an der Glastür zum Büfett kratzte, um sich beizeiten an der Gänse-Pâté zu laben. Hier liegen sie jetzt, die Völler und Fresssäcke, die sich zu Lebzeiten am warmen, trockenen Esstisch den Wanst vollschlugen. Sie müssen jetzt für alle Zeiten in eisigem Regen ausharren. Zu essen bekommen sie nur ihre eigenen Glieder (→Essen und Trinken).

Wenn Sie im dritten Kreis an Seelen vorbeikommen, die bis an die Hüften in stinkendem Kot stehen und Kapuzen aus Eis tragen, dann sind das keltische Schlemmer.

Neben der Kotpfütze sind die Säufer angekettet: Ihnen wird ein Trunk aus schwefliger Brühe und verflüssigtem Blei (→Essen und Trinken) eingeflößt. Nicht schlimm für jemanden, der sein Lebtag ohnehin nur Sausenheimer Schüttelfrost getrunken hat. Dieselbe Strafe ereilt aber auch Genießer von Premiers Grands Crus Classés. Und diese Connaisseurs schreien ob des ungewohnten Geschmacks natürlich erbärmlich. Dabei haben sie noch Glück – denn in der Hölle der Reichen wird es weitaus unangenehmer. Und schon wieder haben Sie eine Runde geschafft! Wenn Ihnen der Appetit nicht vergangen ist, sollten Sie jetzt erst einmal eine kleine Rast einlegen und einen Imbiss nehmen. Die mitgebrachten Lebensmittel werden bei den ständig steigenden Temperaturen ohnehin schnell schlecht.

VIERTER KREIS: TRÄGHEIT!

Im vierten Kreis der Hölle sind die Faulen und Trägen – aber man erkennt sie kaum wieder, weil sie, angespornt durch glühende Stacheln, umherspringen wie **junge Ziegenböcke.**

oben: Junger Ziegenbock
unten: Drache

Zusätzlich machen ihnen **Drachen mit Feuerkrallen** Beine. Andere bisher Träge werden von geflügelten, libellenartigen Monstern verschlungen und wieder ausgeschieden. Sehenswert im vierten Kreis: ein Meer voller Riesenskorpione! Nicht den großen Zeh reinhalten: Jeder Stich brennt für zehn Jahre – und zwar unabhängig davon, welches Sternzeichen Sie haben!

Am Ufer des Skorpionozeans wird Sport getrieben: **Habgierige** müssen, mit schweren Lasten beladen, aufeinander losrennen. Wenn Sie auf den Sieger wetten wollen, dann tun Sie das nur insgeheim – sonst müssen Sie nach Ihrem Ableben in die Spielhölle im siebten Kreis!

Habgierige

Nicht verpassen sollten Sie **Mammon**, der den vierten Kreis beherrscht – ein geflügeltes Monster mit Krähenfüßen und spitzen Ohren, das immer nur zu Boden blickt, ob sich nicht irgendwo eine Münze finden lässt: Mammon ist **der Dämon der Superreichen** und der Geizigen. Unablässig taucht er Geizhälse in flüssiges Metall und steckt sie anschließend auf einen Bratspieß wie ein Hähnchen im ›Wienerwald‹. Geizige leiden fürchterlichen Durst – aber der omnipräsente Abraham (→Der Eingang zur Unterwelt) verweigert ihnen selbst das kleinste Wassertröpfchen. Die Superreichen hingegen lässt Mammon statt Goldmassen jetzt wertloses Geröll hin und her wälzen.

Mammon

Ein Wucherer nebenan ist verzweifelt damit beschäftigt, seine eigene Zunge zu verschlingen. Wenn er davon mal ablassen darf, muss er sich in den Rinnsteinen der Wege auf die Suche nach verrosteten Nägeln und Nadeln begeben. Für einen Zentner davon könnte er sich eine Handvoll Brot kaufen. Allerdings findet er kaum etwas. Zu große Nachfrage – und ein zu kleines Angebot.

Neidische werden – Saunafreunde, aufgepasst! – abwechselnd in einen Eisfluss und einen Feuersee getaucht. Das führt dazu, dass sie jeweils die anderen um ihr Schicksal beneiden. An einer anderen Stelle des Feuersees erscheinen ab und zu Wale, die Seelen verschlingen und wieder ausspucken. Am gegenüberliegenden Ufer laufen, irre lachend, alte, wahnsinnig gewordene Frauen umher – Sie kennen das aus dem Stadtpark hinterm Altenheim. Dazu kommt ein schlimmer Gestank von verbrannten Knochen und Haaren. Aber das ist gar nichts im Vergleich zu dem, was Sie im fünften Kreis zu sehen bekommen!

SPECIAL: MONSTER

DIE FÜRSTEN DER FINSTERNIS

Haben Sie als Kind Frösche aufgeblasen, Ihren kleinen Bruder geärgert oder Ihrer Mutter Schogetten aus der Schublade stibitzt? Jetzt aber Obacht! Denn bei den toten Seelen, die auf Erden als Kinder gesündigt haben, herrscht die Furie Mania. Zu ihrem Jahresfest werden ihr regelmäßig junge Knaben geopfert. Sie können ein gutes Werk tun und, einem alten Brauch gemäß, die Knaben durch Zwiebeln oder Mohnköpfe ersetzen! Mania wird es nicht merken und das vermeintliche Menschenopfer besänftigt akzeptieren.

Etwas weiter unten in der Hölle herrscht der mächtige moslemische Engel Malik, der so viele Hände und Füße hat, wie es Sünder gibt. Wer ihn um Rettung anfleht, bekommt als Quittung die Gewissheit ewiger Verdammnis in der Hölle. Malik beigeordnet ist der Todesengel Azrail, der 4000 Flügel und unzählige Augen hat. Er ist etwa 23 Kilometer groß, und jedes Mal, wenn er zwinkert, stirbt auf der Erde ein Mensch.

Echte Zungenbrecher sind die Namen der aztekischen Unterweltherrscher: Mictlantecuhtli und seine Partnerin Mictlancihuatl. Kurz hinter den Azteken begegnen Sie dem gruseligen Maya-Gott Tzontemoc – einem Skelett mit blutroten Flecken, das mit Eulenfedern geschmückt ist und auf seinem Kopf eine Mütze aus Papier trägt.

Überhaupt sind die Fürsten der Unterwelt recht zahlreich: Satan selber herrscht über sieben Könige, 23 Herzöge, 13 Markgrafen, zehn Grafen, elf Präsidenten und zahllose Ritter, die zusammen 6666 Legionen ausmachen, von denen jede aus 6666 Teufeln besteht – es gibt also 44 435 556 Unterteufel. Bei 99,9 Milliarden Verfluchten ist ein gemeiner Teufel für die Folterei von etwa 2200 armen Seelen zuständig, er hat also weniger Kunden als ein Fallmanager in der Bundesagentur für Arbeit.

Das okkulte Buch des heiligen Cyprianus listet sogar die Namen der höllischen Fürsten auf: **Abaddon** ist der König der **Heuschrecken**, **Astharoth** ist zugleich schön und hässlich, **Azazel** gilt als der Erfinder des Kajalstiftes und des Lidschattens. Er ist ein Wüstendämon in Bocksgestalt, an dessen Festtag die Sünden der Menschen auf einen Ziegenbock übertragen werden. Dieser Ziegenbock wird anschließend in die Wüste gejagt: Das ist der sogenannte Sündenbock.

König Abbadon

Weiterhin gibt es den Alkoholiker Asmodi, der Zwietracht zwischen Eheleuten sät. Wir hören von Penemue, der den Menschen als Quell der Sünde das Schreiben mit Tinte beibrachte. Dann gibt es noch Belial, Beelzebub, Böliman, Jazariel, Chlungeri, Blutschink usw. Jeder Höllenfürst hat seinen eigenen Anbetungsspruch: Jazariel beispielsweise wird angebetet, indem man ihn bittet, dass er einem den Anus öffne, Chlungeri, dass er einen mit seinem Samen verunreinige etc. Das ist alles ein bisschen widerlich – aber Sie als gewöhnlicher Sterblicher werden kaum in die Verlegenheit kommen, mit diesen Oberteufeln Konversation zu machen; genauso wenig mit den zwölf Fürsten über die Höllenkammern. Falls doch, erkennen Sie die Kammerherren daran, dass sie das Gesicht eines Basilisken, eines Pferdes, eines Wildschweins oder eines Geiers besitzen. Meist halten sie sich aber in ihren verdreckten Palästen versteckt oder sind beschäftigt. Jeder verstorbene Neuankömmling z. B. wird zur Begrüßung erst einmal an den fürstlichen Kammer-Dämon mit dem Pferdegesicht gebunden, der ihn drei Tage lang um die Welt schleift. (Vgl. S. 12)

OPERETTENTEUFELCHEN

Nicht alle Teufel sind Fürsten – viele von ihnen sind auch einfache Büttel und Befehlsempfänger, z. B. die Herren Schlimmschwanz, Krausbart oder Hundekralle: Diesen vielfältigen Strafdämonen mit den sprechenden Namen begegnen Sie auf Schritt und Tritt. Jeder dieser Strafteufel wird nach seinem Aussehen oder nach seiner Tätigkeit benannt. So wie früher der Müller Müller hieß und der Schmied Schmidt, heißen die Strafdämonen »Blutsäufer« »Peitschender«, »Sengender«, »Gedärmefresser«, »Quetschender« etc.

Andere Dämonen haben sich ganz auf die Qual eines bestimmten Körperteils spezialisiert: So ist ein Strafteufel namens Utukku für den Hals zuständig, ein anderer namens Alu für die Brust, Labartu verschafft den Seelen hohes Fieber etc.

Einige Minderteufel sehen aus wie Drachen, andere wie Straußen oder wie Dromedare. Die Krötenkönigin trägt zwar einen royalen Titel, ist aber auch nur Erfüllungsgehilfin. Sie reitet auf einem zerlumpten Kamel, das nur noch drei Beine hat. Einige Teufel ähneln Raben oder Truthähnen, andere gleichen reißenden Bären. Manche haben Fledermausflügel und zugleich Hörner, Klauen und Schwänze. Es gibt auch Teufel mit zwei Gesichtern, wobei das zweite sich am Bauch oder am Hintern befindet – je nachdem, ob der Teufel für Völlerei (Bauch) oder für Wollust (Hintern) zuständig ist.

An den Anblick von Zottelfellen und Ziegenbärten sind Sie ja schon aus den Fußgängerzonen jeder mitteleuropäischen Großstadt gewöhnt – aber im Gegensatz zu jugendlichen Skaterboys und obdachlosen Alkoholikern sehen die Zottelteufel der Hölle aus wie überdimensionierte Murmeltiere. Außerdem haben sie Libellenflügel.

Natürlich quälen die Teufel nicht nur die Verdammten, sondern auch einander: Sie stoßen sich gegenseitig Speere in den Hintern, stecken sich gegenseitig in Brand oder fressen einander auf.

Unbeliebt und gefährlich ist auch das Kanonenungeheuer – eine Art geharnischter Drachen auf zwei Rädern mit einer Glocke um den Hals, der aus seinem Schlund Pfeile, Speere und Hellebarden abfeuert. Der Rückstoß entdampft seinem Anus. Bedient wird das Kanonenungeheuer von einem kleinen Hund, der auf seinem Rücken reitet und einen Zylinder trägt.

Alles in allem hört sich das recht spaßig an, aber auch diese Teufel sind in der Lage, einer armen Seele ordentlich in die Suppe zu spucken! Richtig lustige, harmlose Operettenteufelchen gibt es eigentlich kaum: Selbst Teufelchen mit so bescheuerten Namen wie Schwinghupf, Lustgockel oder Sauhauer sind üble Zeitgenossen und gehen souverän mit geschmolzenem Pech, Teer und Kot um. Allerdings gibt es auch unter den Teufeln echte Deppen: So kommt es zuweilen vor, dass einer von ihnen beim Foltern einer Seele selber in den Pechsee fällt und unter dem Hohngelächter der anderen wieder herausgezogen werden muss.

FÜNFTER KREIS: ZORN!

Hier sitzen die Jähzornigen, denen zu Lebzeiten schnell das Blut in Wallung geriet. Wer ein rechter Hitzkopf war, kann sich hier ausleben: Ihm werden brennende Kohlen unter den Fußsohlen geschürt und so lange erhitzt, bis oben das Hirn kocht. Andere Jähzornige müssen durch den benachbarten Sumpf waten und sich gegenseitig mit Fäusten und Bissen quälen. Wieder andere Choleriker werden einfach ganz stumpf von Bären in Stücke gehauen. Bravo! Warum eigentlich immer dieser Zwang zu Originalität? Es geht doch auch einfach. Und es ist ein Fest für Freunde der nordischen Tierwelt.

Am Ende des fünften Kreises kommen Sie wieder an den Styx, wo Sie mit Hilfe des Fährmannes Phlegias übersetzen können.

Choleriker, Bär

NATURWISSENSCHAFT KURIOS
Achten Sie mal drauf: Erst das Gewicht Ihres Körpers verursacht bei der Fähre einen Tiefgang. Weder Phlegias noch andere Seelen haben ein spezifisches Gewicht. Crazy!

Am anderen Ufer liegt eine Stadt namens Dite, mit feurigen Türmen und eisenfarbenen Mauern. An der Stadtmauer lauert eine Medusa, die alles versteinert, was sie anblickt. Drehen Sie also besser den Kopf weg. Sie werden ohnehin anderes zu tun haben, als auf die Medusa zu starren: Aus der Stadt stürmen plötzlich Tausende von Teufeln auf Sie zu! Die werden versuchen, Ihnen den Zutritt zu verwehren. Jetzt gilt es, sich mannhaft einen Weg durch die Menge zu bahnen. Hier helfen keine Personenschützer – was Sie brauchen, sind Weihwasser, Kreuzzeichen oder mitgebrachte Reliquien (z. B. der Kot des Palm-Esels oder einer der 13 erhaltenen Arme des heiligen Stephanus).

Medusa vor der Stadt Dite

SECHSTER KREIS: STOLZ!

Innerhalb der Mauern von Dite liegt der sechste Kreis. Er beherbergt recht unsympathische Gesellen: Stolze, Ketzer und Gottesleugner büßen in feurigen Flammengräbern. Unreine werden bis zum Nabel in schwarzes Wasser getaucht, Schadenfrohe gar bis zu den Augenbrauen.

Neben dem schwarzen Wasser wartet ein einzelner Teufel mit einer Meute Hunden seit 2000 Jahren nur auf einen einzigen Mann: auf denjenigen Papst, der einst das Zölibat aufheben wird. Allein für ihn ist eine ganze Apparatur eingerichtet: Wenn er ankommt, wird man ihm die Augen ausstechen, anschließend Zunge, Lippen, Nase und Ohren abschneiden, Hände und Füße abschlagen und dann den Hunden zum Fraß vorwerfen. Kein Wunder, dass sich in der katholischen Kirche in dieser Richtung nichts tut!

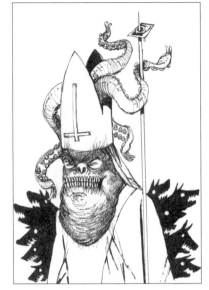

Ein Teufel

Wenn Ihnen auf Ihrem Weg bergab im sechsten Kreis ein Karren mit einer Seele drauf entgegenkommt (nicht vergessen: In der Hölle gilt Linksfahrgebot!), handelt es sich wahrscheinlich um ein Eselsbegräbnis – eine schimpfliche und demütigende Art, jemandem das allerletzte Geleit zu geben. In diesem Fall hat es vermutlich einen Stolzen erwischt, der einst auf der Erde eine zu prunkvolle Beerdigung hatte. Dieser Stolze kann aber von Glück sagen, denn andere, die stolz sind (auf ihre Schönheit, auf ihren Reichtum oder auf ihre Diddl-Maus-Sammlung), sind an die brennenden Räder des Eselskarrens gefesselt, und jede Drehung bricht ihnen Arme oder Beine. Die ständige Drehung des Rades führt dem Stolzen die Wechselhaftigkeit des Glücks vor Augen. Von diesen Eselsbegräbnissen gibt es täglich Tausende.

Ein weiteres Höllen-Event der Extraklasse: In Dite muss jede Seele die »Prüfung der Gräber« ablegen. Dazu muss sie das christliche Glaubensbekenntnis aufsagen.
Kann sie es nicht, wird ihr ein Grab zugewiesen, dessen Wände sich aufeinander zubewegen, um sie zu zerquetschen. Was aber, wenn sie es kann? Dann müssten sich doch die Dämonen in Luft auflösen! Schrei-

ben Sie uns. Auf unseren Reisen haben wir keinen getroffen, der das Glaubenbekenntnis fehlerlos konnte!

SIEBTER KREIS: MORD UND TOTSCHLAG!

Folgen Sie der Stadtmauer entlang bergab. Hinter dem Südtor beginnt das Stadtviertel des siebten Kreises – so etwas wie die Bronx der Hölle. Hier könnte es manchmal zu heiklen Situationen kommen, denn hier werden die Gewalttäter aufbewahrt. Die erste Gasse rechts hinter dem Südtor ist für Seelen, die sich der Körperverletzung schuldig gemacht haben. Sie köcheln auf kleiner Flamme in dem siedenden Blutstrom, der hinter dem letzten Haus als Wasserfall in die Tiefe stürzt. Wer zu Lebzeiten einer Waise etwas Böses tat, wird in Haus Nummer 6 von Eisfeuer verbrannt. Seelen, die Widerstand leisten, werden von Pferden mit menschlichen Oberkörpern hineingetrieben, die mit Pfeilen schießen.   Vorsicht: Am Ende der Gasse fällt das Gelände senkrecht ab! In dieser Schlucht lebt giftiges Gewürm. Mörder und ihre Mitwisser werden hier hinuntergeworfen und landen später im Phlegethon (→Die Flüsse). Irgendwie bitter: Auch die ermordeten, unschuldigen Opfer sind in der Hölle – sie schauen nämlich ihren Mördern beim Hinunterstürzen zu.

Auf halber Höhe der Schlucht bleiben die Mörder zunächst liegen. Von dort rinnen Eiter und Exkremente der Gequälten weiter nach unten und bilden am Fuße des Berges einen See. In diesem See sitzen Frauen bis zum Hals im Eiter. Sie haben abgetrieben. Wenn der Phlegethon anschwillt, spült er die auf halber Höhe liegenden Mörder fort und reißt sie mit sich in Richtung des Acherusischen Sees.

Können Sie noch? Vielleicht nach einer kleinen Rast? Gehen Sie die Gasse zurück und verlassen Sie durch das Südtor die Stadt Dite. Biegen Sie nach rechts in Richtung des kleinen Wäldchens: Das ist Asipattravana, der Wald der Schwertblätter. Hier haben die Bäume stählerne Klingen statt Laub, die beim Hinabfallen die Verdammten verletzen. Im Wald nebenan hausen die Verschwender: Selbstmörder, die ihr Leben wegwarfen, werden an Sträuchern festgebunden und von Vögeln zerfressen. Zusätzlich werden sie von wilden Ebern und einer Hundemeute verletzt, die durch den Wald hetzen, auf der Jagd nach den Spielsüchtigen, die hier in Panik fliehen. Die Spieler haben zwar nicht ihr eigenes Leben, aber ihr Hab und Gut verschwendet.

Wald der Schwertblätter

 Hinter dem Wald der Selbstmörder und der Spieler beginnt der Bereich der Gotteslästerer, eine trostlose Sandwüste, in der die Lästermäuler durch ewiges Feuer gemartert werden. Gehen Sie am Rand der Sandwüste entlang, die Stadt zur Rechten. (Trinkflasche empfohlen!) Jetzt kommen Sie von der anderen Seite wieder an den Abgrund der Mörder, wo sich der Blutstrom in die Tiefe ergießt. Der Fluss treibt die Mörder, wie erwähnt, in Richtung des Acherusischen Sees, wo sie schon von ihren Opfern erwartet werden. Erst wenn diese ihnen verziehen haben, findet der brutale Kreislauf ein Ende. Finden sie keine Gnade, treiben sie wieder in Richtung der Gasse beim Südtor, wo sie wieder den Abgrund hinuntergeworfen werden etc.

Rechts von Ihnen ist jetzt Wüste, links von Ihnen fließt der Phlegethon. Hier geht es nicht mehr weiter. Sie müssen ans andere Ufer. Dort warten die Homosexuellen. Witze über »das andere Ufer« können Sie machen, solange Sie auf das Ungeheuer Geryon warten, das Sie über den Phlegethon in den achten Kreis hinüberträgt. Geryon ist das kräftigste Wesen der Hölle, eine Art Arnold Schwarzenegger der Unterwelt, bloß mit drei Köpfen.

Geryon

ACHTER KREIS: HEUCHELEI!

Sie sind jetzt schon ziemlich weit unten in der Hölle. An den beißenden Geruch haben Sie sich inzwischen gewöhnt, aber insgesamt hellt sich die Stimmung nicht auf, im Gegenteil: Hinter dem Ufer ziehen sich zehn tiefe Gräben entlang Ihres Weges. Sie sind in der Hölle der Falschen, der Treulosen und der Betrüger gelandet.

Hat Sie schon einmal jemand nach dem Weg gefragt – und Sie haben ihn wissentlich in die falsche Richtung geschickt? Glück gehabt, denn sonst würden Sie einst hier landen: Die Seelen, die im **ersten Graben** gefesselt sind und denen gerade mit Dornen die Augen ausgestochen werden, sind ebensolche Bösewichte: Sie haben Wanderern absichtlich einen Irrweg gewiesen. Pfui! Nach dem Ausstechen dürfen giftige Vipern die Augäpfel ausschlürfen. Extra-Pfui!

Direkt dahinter, im **zweiten Graben**, waten Schmeichler und Dirnen im Kot. Nachvollziehbar, dass in der Hölle der Schmeichler der Teufel nicht immer als hässlicher Mann erscheint (so erkennt man ihn ja sofort), sondern auch manchmal als lockender Versucher in schöner Gestalt, oft sogar als junges, hübsches Mädchen oder als alte Frau. Manche Dämonen erscheinen einem gar in Gestalt von schönen Kindern. Als Erkennungszeichen tragen alle einen mit Stacheln besetzten, kupfernen Ring, wie ihn die Gruftis in der Fußgängerzone um den Hals tragen. So können auch Sie eine schöne Seele von einem Dämon unterscheiden! Aber wo sollte man hier schon auf eine schöne Seele treffen?
Wenn man im zweiten Graben einem Teufel in die Fänge gerät, geht es richtig rund: Frauen, die ihren Kindern nichts zu essen gegeben haben, werden hier an den Brüsten aufgehängt, während Schlangen an ihnen saugen.

Der **dritte Graben** ist ein Feuerloch: Hier hängen – kopfunter – die Simonisten – also Leute, die sich zu Lebzeiten mit Geld ein Kirchenamt gekauft haben. Diese Hölle hat ihre besten Zeiten hinter sich; ein paar Päpste des 16. Jahrhunderts hängen hier noch herum, ansonsten ist der dritte Graben in jüngster Zeit (seit etwa 300 Jahren) nur wenig frequentiert.

Im **vierten Graben** liegen die Wahrsager, Zauberer und Astrologen. Sie müssen sich schrecklich verrenken und mit völlig verdrehtem Körper ewig nach hinten blicken, weil sie in ihrem irdischen Leben versucht haben, zu weit nach vorne zu schauen! Hier wird also in absehbarer Zukunft David Copperfield neben Madame Teissier und Siegfried und Roy wohnen! Wobei Siegfried und Roy eventuell auch am anderen Ufer des Phlegethon anzutreffen sein könnten (vgl. dort).

Im **fünften Graben** werden Bestechliche in kochendes Pech getaucht. Hier hängt ein Kopf, so von Kot und Teer zerfressen, dass man nicht mehr genau erkennen kann, ob er von einem Mann oder einer Frau, einem Priester oder einem Laien stammt. Direkt daneben sehen Sie einen Leib, der schlaff seinen Kopf hochhält und ständig nur noch »Wehe!« vor sich hin murmelt. Im fünften Graben wüten Dämonen mit so lustigen Namen wie Hunderachen, Schuppendrachen, Hanswurst, Rötel oder Irrwisch.

Im **sechsten Graben** sammeln sich die Heuchler. Sie müssen mit einem schweren, vergoldeten Bleimantel umhergehen. Wer zu Lebzeiten verbotene Waffen benutzte (einen Dolch im Schwertkampf, Dumdumgeschosse, Landminen oder chemische Waffen), muss einen Schandkragen aus Feuer tragen. Andere beliebte Kleidungsstücke sind Röcke aus schmelzendem Teer oder glühende Eisenpantoffeln. Abends darf man die Kleidungsstücke ausziehen und sich zur Ruhe legen – allerdings nur in rotglühende Kupfersärge.

Im **siebten Graben** wohnen Diebe und Räuber. Räuber werden von Schlangen zerfressen, Dieben wird das Einzige genommen, was sie noch haben: ihre Persönlichkeit – sie müssen sich unablässig verwandeln. Bitte halten Sie unbedingt Ihren Personalausweis bereit.

Lippenloser

Der **achte Graben** ist voll von verschlagenen Politikern. Sie schweben in Flammen gehüllt wie Glühwürmchen umher. Hier sind auch **Betrüger**, denen man allerdings nur die Lippen abschneidet.

Die Zwietrachtstifter im **neunten Graben** sehen aus wie Verwundete. Das liegt daran, dass sie Verwundete sind. Und zwar dermaßen verwundet, dass sie gespalten sind vom Kinn bis zum Furz. Ihnen hängen die Eingeweide zwischen den Beinen.
Lästerer werden an ihren Zungen aufgehängt, man quält sie mit glühenden Eisen und verbrennt ihre Augen.

Im **zehnten Graben** liegen Münzfälscher und Alchimisten, die mit ekligen Krankheiten bestraft werden. Um Verwechslungen auszuschließen, erkundigen Sie sich bitte rechtzeitig nach den hier zulässigen Zahlungsmitteln.

Die Folterei in allen Gräben des achten Kreises ist echte Fließbandarbeit: Die Teufel quälen hier jeden der Reihe nach, von Graben zu Graben. Sobald die Wunden der Verdammten verheilt sind, kommt die **Folterbande** wieder des Weges und fängt von vorne an.

Folterbande

Hinter den zehn Gräben ragen mehrere flammende Türme in die Höhe. Das sind aber keine Türme – es sind Giganten, pechschwarze Riesen, die rund um sich alles in Brand stecken.
Jenseits der Region der Riesen gelangen Sie in den innersten Kreis der Hölle.

NEUNTER KREIS: VERRAT!

Bald ist es geschafft. Aber zuerst müssen Sie noch in den neunten Höllenkreis. Dort wohnen jene, die Vertrauen missbraucht oder jemanden verraten haben. Treulose und Verräter werden hier gruppenweise im Kokytos eingefroren. Nur ihr Kopf ragt starr aus den Eisblöcken heraus. Sind sie noch am Leben? Na, klar!: Ihr grauenerfüllter Blick schaut Sie direkt an! Mitleid jedoch brauchen Sie nicht zu haben. Zu Lebzeiten war ihr Herz gefroren, und jetzt ist es eben nicht anders. Wenn man sie allerdings anspricht, werden sie nicht antworten können. Sie fangen an zu weinen, und auf ihren Augen gefrieren die Tränen.

Der neunte Kreis ist unterteilt in drei Straforte: Im ersten liegen die, die ihre Verwandten verraten haben. Dieses Höllental ist gefüllt mit glühenden Kohlen und wird von einem glühenden Deckel verschlossen. Auf diesen glühenden Deckel stürzen die Vater- und Brudermörder. Sie schmelzen auf dem Deckel wie Scheiblettenkäse auf einem heißen Bügeleisen, laufen wie Fett von den Rändern hinab, steigen als Dampf wieder nach oben, um sich dort zu erneuern und wiederum hinabzustürzen.

Im zweiten Strafort finden sich die Verräter am Vaterland. Wie in einem Tulpenfeld stehen sie eingefroren Mann an Mann nebeneinander. Wer an seinen Nachbarn heranreicht, versucht sich an ihm zu wärmen oder ihn zu essen. In einem Loch z. B. nagt ein **frostiger Graf** an einem **tiefgekühlten Erzbischof.**

Tiefgekühlter Erzbischof

Im dritten Strafort, dem schlimmsten von allen, liegen die Verräter an ihren Wohltätern. Hier ist das Zentrum der Hölle. Es besteht im Wesentlichen aus dem eingefrorenen Luzifer selbst, der für alle Ewigkeit die Verräter Judas, Brutus und Cassius zerkaut und zermalmt.

DER ANTICHRIST

Ganz unten in der Hölle, auf einer Insel in einem Feuersee, liegt **Satan**. Er hat einen riesigen Vogelkopf aus Metall und trägt eine Krone in Form eines Hirschgeweihs. Sein Kopf besteht aus Feuer, sein rechtes Auge ist blutunterlaufen, sein linkes katzengrün und mit zwei Pupillen ausgestattet ist. Die Augenlider Satans sind weiß, und seine Unterlippe wirkt ziemlich wulstig. Er hat ganz dünne Schenkel mit allerdings mächtigen Füßen. Das Wichtigste aber: Er hat einen platten, langgezogenen Daumen!

Satan

JUDAS ISCHARIOT
Judas Ischariot, der für alle Ewigkeit in alle Höllen zugleich gehört, ist hier angekettet und hat einen regelrechten Torturen-Stundenplan: Montags wird er aufs Rad geflochten und muss sich den ganzen Tag drehen. Dienstags wird er auf eine messerscharfe Egge gefesselt und mit Felsen beschwert. Mittwochs kocht er in Pech, wovon er so schwarz wird wie ein Stück Fleisch, das zu lange auf dem Spieß steckte. Donnerstags wird er in einen Abgrund gestürzt, wo er gefriert und zu Eis erstarrt. Freitags wird ihm die Haut abgezogen, sein Körper gesalzen und gepökelt. Dann schütten die Dämonen geschmolzenes Kupfer und Blei in ihn hinein. Den ganzen Samstag verbringt er in einem scheußlichen Kerker, wo der Gestank so groß ist, dass er sich das Herz aus dem Leib erbrechen müsste, wenn nicht das Kupfer über Nacht in seinem Magen gehärtet und ein Erbrechen unmöglich wäre.

ENDLICH: PAUSE VON DEN QUALEN!
Es ist kaum zu glauben, aber auch die Hölle kennt ein Erbarmen mit den Verfluchten: Von Samstagabend bis zum Sonntag nach der Vesperzeit ist marterfrei! Diese Zeit verbringt Judas z. B. gerne auf einer kleinen Insel und erholt sich bei einem Hagelschauer, der seinen Qualen ein wenig Linderung verschafft. Wer mag, kann ihn auch auf seinem felsigen Eiland treffen und interviewen. Gegen ein kleines Trinkgeld (Silberling o. Ä.) erzählt er Ihnen gerne seine Geschichte!
Viele andere Verdammte verbringen ihre Freizeit lieber auf der Erde. Als Vögel von erschreckender Schwärze steigen sie samstags aus den Schwefelfeldern von Pozzuoli bei Neapel empor und feiern ihren freien Tag.

Aber es gibt in der Hölle nicht nur eine wöchentliche, sondern auch eine tägliche Pause. Wer in der Welt nur je irgend etwas Gutes getan hat, darf sich jeden Tag um 18 Uhr HZ (= Höllenzeit) auf eine Art Teatime freuen. Er bekommt etwas Manna (→Essen und Trinken, Paradies) zu riechen und kann sich so für kurze Zeit Linderung von den Qualen verschaffen.

IM INNERSTEN DER HÖLLE
Sie sind jetzt im Zentrum der Hölle angelangt. Vielleicht haben Sie es bemerkt: Der Untergrund besteht nicht mehr aus glühender Kohle, son-

dern aus einer Art Naturteppich. Sie stehen auf dem Bauch Satans, des haarigen Riesen, der sich hier auf einem glühenden Rost vor Schmerzen windet. Um seinen Schmerz zu lindern, zerquetscht er mit seinen Klauen ganze Heerscharen von Seelen. Mit seinem Pestatem wiederum bläst er andere Seelen in gewaltige Höhen.

Da es recht dunkel ist, tasten Sie sich am besten am Körper Luzifers entlang, seine Haare als Geländer benutzend. Durch einen Höhlengang gelangen Sie auf die südliche Halbkugel. Und jetzt kommt etwas ganz Verblüffendes: Ausgerechnet im Innersten der Hölle trifft man auf ein Fenster zum Paradies! Die Verdammten in der Hölle können wie die Erwählten im Paradies bestaunen und um ihr Glück beneiden! Es ist wie bei einem Terrarium – nur ist es eben ein *Coelestarium* (von lat. *coelum* = Himmel). Natürlich können auch die Seligen im Elysium die Verdammten sehen: Vor den Augen der heiligen Engel und des Lammes werden die Sünder gemartert! Himmel und Hölle sind also unmittelbar benachbart! Interessant – zumal wir ja eigentlich gelernt haben, dass die Hölle dort zu suchen ist, wo die größtmögliche Entfernung zum Himmel sei. Wieder einmal berühren sich die Extreme.

Neben dem Coelestariumsfenster erhebt sich ein elfenbeinernes Tor. Das ist der Ausgang! Damit keine Sünder die Hölle verlassen können, wacht hinter dem Elfenbeintor eine kräftige Mannschaft von Türstehern, mit denen man sich nicht anlegen sollte: das Gestirn des Großen Bären mit 99 999 Geistern.
Wir werden dieses Tor bald gelassen durchschreiten. Aber noch ist es nicht so weit. Erst machen wir einen kleinen Ausflug in die Tier- und Pflanzenwelt der Hölle.

FLORA UND FAUNA

Natürlich gelten in der Hölle keine Naturgesetze. Das heißt, sie gelten schon, aber es trifft immer genau das Gegenteil dessen zu, was wir von der Erde kennen: Hier in der Hölle fliehen die Hunde vor den Hasen, und Hirsche jagen Löwen. Aus den Häuptern mancher Tiere wachsen Füße, einige Fische haben Flügel, manche Vögel hingegen Schuppen. Es gibt

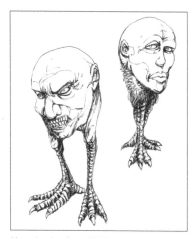
Menschenkopfvogelfüßler

auch ganz normale Tiere: Vom Silberfischchen bis zum Elefanten findet man hier eine reiche Tierwelt vor, aber viel spannender ist natürlich das reichhaltige Inventar an zoologischen und botanischen Sensationen. Zuweilen begegnen Sie **Menschenköpfen, die auf dünnen Vogelfüßen umhertrippeln**. Sie können Schnabeltiere mit Hahnenschwänzen und Schmetterlingsflügeln bewundern, Pferde mit Menschenbeinen und Menschen mit Pferdekörpern, die eine halbe Ziege hinter sich her schleppen. Manche Affen haben Hörner, Schlangen sind so dick wie der Hals eines Kamels und einige Skorpionrassen groß wie Maulesel. Die Schlangen können einen Hirschen verschlingen und über Feuerozeane schwimmen.

KRIECHTIERE

Da die Hölle ja (eigentlich) in größtmöglicher Entfernung zum Himmel liegt, sind die häufigsten Höllentiere diejenigen, die am weitesten weg vom Himmel, also am Boden leben – nämlich Kriechtiere wie Lurche oder Salamander. Skorpionen und Schlangen werden Sie ohnehin auf Schritt und Tritt begegnen: Es gibt verschiedene dunkle Säle, die davon nur so wimmeln. Außerdem stoßen Sie andauernd auf die unvermeidlichen Kröten und Würmer. Die Würmer der Hölle sind etwa 50 Zentimeter lang und haben zwei Köpfe.

MANTIKORA

Machen Sie sich bei Ihrem Trip durch die Hölle gefasst auf die Bestie Mantikora! Sie hat ein Menschengesicht, allerdings mit einer dreifachen Reihe von Zähnen. Ihre Augen sind glasig, ihr Fell ist blutrot. Ihr Leib gleicht dem eines Löwen, der Schwanz dem eines Skorpions, und ihre Stimme ist wie das Zischen einer Schlange. Begierig auf Menschenfleisch (auch auf das Lebender!) tappt sie durch alle Höllen! Allzu groß ist die Gefahr allerdings nicht – Menschenfleisch liegt überall reichlich herum, deshalb leidet Mantikora so gut wie nie Hunger. Sie findet leichtere Opfer als einen freien, lebenden Menschen, der im Gegensatz zu gefesselten Sündern immerhin noch in der Lage ist, wegzulaufen. Sollten Sie Mantikora begegnen: Nutzen Sie diese Fähigkeit!

ANDERE BESTIEN

Dasselbe gilt für Begegnungen mit Mantikoras Schwester Cenocroca: einer Bestie mit menschlicher Stimme, die einen Eselskörper und Steinbockhörner hat. Ihr Gesicht ist das eines Löwen mit einem Maul von Ohr zu Ohr. Statt Zähnen hat Cenocroca allerdings einen hornigen Knochen.

Die Bestie Ammut haben Sie ja schon beim →Totengericht des Osiris kennengelernt. Andere Widerlinge haben Wolfsschnauzen und Schafspelze, acht Zehen an den hakenförmigen Krallenfüßen, und sie bellen wie die Hunde. Bei manchen Tieren wird das Fell im Alter nicht grau, sondern schwarz. Sie werden noch älter als Riesenschildkröten – eine etwas überflüssige Eigenschaft, da man ja in der Hölle in der Regel eh schon tot ist.

Besuchen Sie den Fenriswolf in der Nähe von →Walhall! Das ist ein gefährlicher Dämon in Wolfsgestalt, der von den Göttern gefesselt wurde. Beachten Sie die Fessel, mit der der Fenriswolf angekettet ist. Sie ist hauchdünn wie Spinnweben und wurde von Alben geflochten: aus dem Atem der Fische, dem Speichel der Vögel, dem Geräusch eines Katzentritts und den Wurzeln der Berge. Trotzdem kann der Fenriswolf sich nicht losreißen – noch nicht: Beim Weltuntergang Ragnarök wird er sich befreien und in einer Endschlacht den germanischen Gott Odin töten.

Zoologen und Gen-Wissenschafter werden ihre helle Freude haben an Tieren, denen Menschenhände aus dem Rücken wachsen, an Drachen mit Zebrastreifen, an armlosen Menschen, denen andere Menschenköpfe wie Geschwüre aus den Schultern wachsen, an Nashörnern, die ihre Zähne am Bauch tragen, oder an Frauen, die anstatt einer Frisur Fischschuppen auf dem Kopf tragen. Und denken Sie daran: Egal, wie grausam und widerwärtig die Monster auch sein mögen – jedes von ihnen singt das Lob der Vielseitigkeit seines Schöpfers!

Menschengeschwür

Auf der Asphodelos-Wiese nahe dem Totengericht gibt es eine große Fledermaus-Kolonie. Das sind berühmte Fledermäuse: Auf dunklen, dumpfen Pfaden flattern hier die getöteten Seelen der Freier der Penelope hin und her. Sie wurden seinerzeit von Odysseus gekeult, obwohl sie nichts anderes verbrochen hatten, als die vermeintliche Witwe Penelope anzugraben.

> *Asphodelen sind Pflanzen mit einem abstoßenden Geruch, die auf Gräbern wachsen!*

GEPFLOGENHEITEN, DOS AND DON'TS

Exklusiv für Leser des Reiseführers ins Jenseits: fünf Insider-Tipps, wie Sie sich das Leben in der Hölle erträglicher machen und die schlimmsten Fehler vermeiden können!

NR. 1: ZÜGELLOSIGKEIT FINDEN / VERMEIDEN!

Die Symbolik der Hölle ist ja meist ziemlich eindeutig nach Ursache und Wirkung strukturiert (Mist gebaut – Hintern versohlt). Manchmal ist sie aber auch recht subtil: Vermeintlich harmlose Gegenstände verweisen zuweilen auf die obszönsten Dinge. Fässer mit Spundlöchern, Kröten in jeder Form, auf einen Stock gesteckte Krüge oder Dudelsäcke z. B. werden Sie überall sehen. Sie geben Ihnen eindeutige Hinweise auf Wollust oder zügellosen Geschlechtsverkehr. Je nachdem, ob Sie sich dafür interessieren oder nicht, meiden oder suchen Sie diese Symbole!

Wenn Sie auf Seelen treffen, die einen umgekehrten Trichter auf dem Kopf tragen (was recht häufig vorkommt, vor allem im achten Kreis), ist Vorsicht angezeigt! Diese Seelen sind gemeine Betrüger. Mit dem Trichter versuchen sie sich bei ihren miesen Tricks gegen den Himmel, quasi gegen das Auge Gottes, abzuschirmen. Natürlich ohne Aussicht auf Erfolg, weil der Trichter ja auf beiden Seiten ein Loch hat.

Seele

NR. 2: PROSTITUIERTE MEIDEN!

Alle Häuser, auf denen eine Fahne mit einem Schwan weht, sind Bordelle. Der Schwan ist eine Ironisierung des Symbols der Reinheit – diese Bordelle sind allerdings ausnahmslos miese Spelunken, in denen man Ihnen nur das Geld, die Moral und die Gesundheit aus der Tasche ziehen will. Hier unsere eindringliche Warnung: Glauben Sie keiner Schmeichelei, keinem hübschen Gesicht! Jede Prostituierte in der Hölle hat die venerische Krankheit, die wir heutzutage Syphilis nennen. Schönheit geht hier nicht weiter als einen Millimeter unter die Haut – jedes glutäugige Mädchen entpuppt sich also im Bett als brennender Teufel. Auf der Erde können Sie natürlich machen, was Sie wollen; wir sind da nicht moralisch. Aber zu Ihrem eigenen Schutz: Finger weg von den Nutten des Teufels. Mit ihnen ist nicht zu spaßen!

Die traditionellen Knochenschuhe und ein durch den Körper gebohrter Pfeil weisen ihren Träger als bösen Menschen aus. Die Kennzeichnung dient aber nur noch der Folklore, denn natürlich ist in der Hölle jeder böse – außer Ihnen.

Böser Mensch

NR. 3: SPINNWEBEN VORSICHTIG BEHANDELN!

Wenn Sie in der Unterwelt auf Spinnweben stoßen, bitte um Himmels Willen nicht zerreißen! Sie nähmen damit den Seelen der neuseeländischen Maori die letzte Möglichkeit, an den Spinnweben empor in den Himmel zu klettern!

NR. 4: MAULSPERREN FÜR TEUFEL!

Es hat sich als recht praktisch erwiesen, dass man jedem Teufel mit Hilfe eines Astes oder eines starken Zweiges das Maul stopfen kann – dazu bedarf es nur einer gewissen Coolness: Warten Sie exakt so lange, bis der Teufel seine Schnauze aufreißt, um zuzubeißen, und schieben Sie dann schnell den Ast zwischen Ober- und Unterkiefer. Gegen Maulsperren sind Teufel machtlos!

NR. 5: VORSICHT VOR SAUBEREN TELLERN!

In den Restaurants der Hölle starrt alles vor Schmutz, nur die Teller sind blitzsauber. Lassen Sie sich davon aber nicht täuschen – der griechische Kriegsheld Agamemnon übt in der Hölle den Beruf des Tellerleckers aus. Die Teller sehen zwar sauber aus, sind aber in Wirklichkeit dann doch ziemlich eklig.

»UND WIE LANGE SIND SIE SCHON HIER?« ZUR ÜBLICHEN AUFENTHALTSDAUER DER HÖLLENBEWOHNER

DER MÜHLSTEIN UND DAS VÖGELCHEN

Für Christen, die eine Todsünde begangen und diese nicht bereut haben, dauert die Strafe ewig! Sie fragen, wie lange die Ewigkeit ist? Nun, stellen Sie sich einen Mühlstein vor, 100 Kilometer Durchmesser und zwei Meter dick. Und jetzt kommt alle 100 000 Jahre eine Meise und wetzt ihren Schnabel an dem Stein. Angenommen, Sie wären ein Todsünder und man würde Ihnen anbieten, dass Ihre Strafe abgesessen sei, sobald der Mühlstein zu Staub geworden sei. Sie würden jubelnd zustimmen! Denn es würde zwar sehr, sehr lange dauern, aber es würde irgendwann passieren. Allein: Diese Chance gäbe es für Sie nicht mehr – denn die Strafe für Todsünden (siehe Anhang) ist EWIGE HÖLLE. Es vergehen Dutzende, Hunderte, Tausende, Zehntausende, Hunderttausende, Millionen, Hunderte von Millionen, Millionen von Millionen, Milliarden von Milliarden an Jahren. Und dann grüßt das Murmeltier: Die Zeit beginnt von neuem. Ziemlich ärgerlich! Andererseits: Vielleicht legen Sie in der Hölle ein paar Euro aufs Festgeldkonto. Allein der Zinseszins wäre enorm! Nur ein Euro, für lächerliche 1000 Jahre angelegt, brächte bei einem Zinssatz von 4 Prozent bereits 107 978 999 416 658 770 Euro, also knapp 108 Billiarden Euro! Die Ewigkeit kann auch Vorteile haben! Es kommt nur auf die Perspektive an.

LÄSSLICHE SÜNDEN

Haben Sie schon einmal eine protestantische Kirche betreten? Haben Sie freitags Fleisch gegessen? Noch vor 40 Jahren galten diese Delikte als Todsünden und nicht, wie heute, als lässliche Sünden. Glück gehabt!

Wenn Sie keine Todsünden begangen haben und regelmäßig beichten waren, können Sie sich eine ganze Menge stinkend öder Jahre sparen: Angenommen, Sie haben pro Tag zehn lässliche Sünden (Gedankenlosigkeit, Zerstreutheit o. Ä.) begangen, so müssten Sie in 50 Jahren eine Schuld von 182 500 Sünden büßen.

Wenn Sie als guter Christ etwa drei Viertel Ihrer Sünden zu Lebzeiten gebüßt und gebeichtet haben, bleiben von den 182 500 noch 45 625 lässliche Sünden.

Lässliche Sünden werden mit einem Tag Hölle bestraft – aber selbst das macht bei 45 625 Sünden auf den Tag genau 125 Jahre schlimmste Folter. Und das nur für kleinere Vergehen, wohlgemerkt! Allerdings können Sie mit einem Schlag erreichen, dass Sie im Ernstfall schon deutlich früher entlassen werden: Wenn Sie zu Lebzeiten vor dem Bild »Christus als Schmerzensmann, umgeben von den Arma Christi« (Köln, Wallraf-Richartz-Museum, Martinstraße 39, 50667 Köln, Inventarnr.: WRM 744) fünf Vaterunser und fünf Ave Maria beten, werden Ihnen 77 000 Jahre und 34 Tage erlassen. (Bei einer Todsünde allerdings nützt das alles nichts: Ewigkeit minus 77 000 Jahre und 34 Tage bleibt immer noch Ewigkeit.)

DIE HANFSAMEN

Trösten Sie sich, anderen ergeht es nicht besser: Ceylonesische Buddhisten, die zu Lebzeiten rechte Schlawiner waren, müssen ebenfalls ziemlich lang ausharren: Sie haben nacheinander 21 Höllen zu durchschreiten. In der ersten Hölle dürfen sie alle 100 Jahre einen Hanfsamen aus einem Gefäß mit 20 Samen nehmen. Erst wenn das Gefäß leer ist, also nach 2000 Jahren, dürfen sie in die nächste Hölle. In der zweiten Hölle wartet schon ein Gefäß mit 400 Hanfsamen, aus dem sie ebenfalls alle 100 Jahre ein Körnchen entfernen dürfen. Nach also weiteren 40 000 Jahren steht in der dritten Hölle allerdings ein Gefäß mit 8000 Samen etc. bereit. Wenn der ceylonesische Buddhist also in die sechste Hölle darf, hat er bereits 3 360 842 Jahre hinter sich. Das wäre ja noch okay – aber ich muss Sie darauf hinweisen, dass es sich um Götterjahre handelt, von denen ein jedes 16 200 Menschenjahre dauert!

REINKARNATION

Macht ja nichts, kann man sich sagen. Wenn ich mal tot bin, werde ich eben wiedergeboren, und irgendwann komme ich ins Nirwana! Nun: Setzen Sie nicht allzu große Hoffnung auf ein paar zügige Wiedergeburten und auf einen baldigen Eintritt ins Nirwana. Erinnern Sie sich noch an die →Fahle Ebene? Da, wo die opportunistischen Laumänner von den Wespen gestochen werden? Dort ist es deshalb so fahl, weil sich links und rechts dieser Ebene in der Ferne ein **riesiges Gebirge** auftürmt und jedes Licht verdeckt: das **Gebirge aus Knochen**.

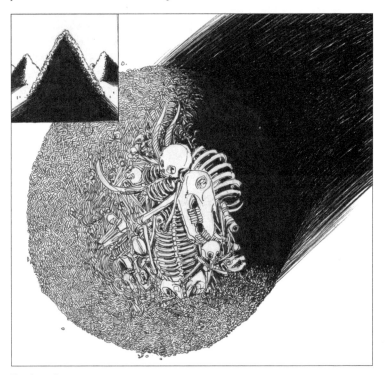

Knochengebirge

Allein 700 Meilen hoch ist der **Knochenberg einer einzigen Seele!** Das sind alles Knochen von diversen Wiedergeburten – als Hund, als Ratte oder als Fisch. Ein paar Gräten dürften also auch darunter sein, je nachdem, was man zu Lebzeiten alles angestellt hat: Wer Getreide gestohlen hat, wird als Ratte wiedergeboren, Milchdiebe als Krähen. Jeder Regenwurm hat einst als Mensch Geld unterschlagen, Fische haben Geheimnisse verraten und müssen deshalb jetzt schweigen. Wölfe und Schakale waren früher Ehebrecher, später dann werden sie als Hunde wiedergeboren, um Treue zu lernen! Erst ein Leben ganz ohne Untaten berechtigt zum Eintritt ins Nirwana. Und wer kann das schon von sich behaupten ... Jedenfalls kann es dauern, bis Sie so oft wiedergeboren wurden, dass die Knochen Ihrer gesammelten Leben einen 700 Meilen hohen Berg ergeben!

FATALER FEHLER?

Darüber kann der Azteke nur milde lächeln! Er braucht nämlich lediglich vier Jahre in der Hölle zu schmoren, dann wird er endgültig wiedergeboren. Uff! Vielleicht aber gibt es auch für Christen und Moslems Hoffnung: Das Wort »ahkab«, von dem man die »Ewigkeit« ableitete, bezeichnet nämlich eigentlich eine Periode von 70 Jahren und bedeutet nur im Plural eine »sehr lange Zeit«. Oh Mann! Sollte die Dauer der ganzen mörderischen Folterei etwa bloß ein Übersetzungsfehler sein?

Nun denn – während 99,9 Milliarden Justizirrtümer soeben bestialisch gefoltert werden, machen wir uns klammheimlich aus dem Staub – denn jetzt wird es Zeit für die angenehmen Dinge des Lebens! Erinnern Sie sich noch an das Terrariumsfenster zum Himmel und an das benachbarte elfenbeinerne Tor im Innersten der Hölle? Gehen Sie hindurch!

Atmen Sie auf! Küssen Sie den Boden! Klatschen Sie in die Hände! Sie haben es geschafft. Sie sind durch die Hölle gegangen, und jetzt liegt sie hinter Ihnen. Vorbei die klamme Atmosphäre; vorbei auch das Gefühl, nicht so richtig dazuzugehören. Hinter dem elfenbeinernen Tor endet das Reich des Bösen, und Sie sehen das erste Mal seit langem wieder echtes Licht und den Sternenhimmel. Unmittelbar hinter dem Elfenbeintor dreht sich, wie erwähnt, das Gestirn des Großen Bären mit 99 999 Geistern, um die sündigen Seelen am Verlassen der Hölle zu hindern. Sie als lebender Mensch gehen einfach unbehelligt weiter und laufen nach rechts in den Sonnenaufgang hinein – denn in Richtung des Paradieses geht täglich 24 Stunden lang die Sonne auf! (Sonnenschutz nicht vergessen!) In der Ferne sehen Sie **sieben Goldberge**, die Sie erklimmen müssen. Auf dem Weg dorthin aber gilt es, ein mit **stachligem Gestrüpp** bedecktes Gelände zu überwinden, genauso wie eine riesige Menge weiß gekleideter Seelen, die mit großer Anstrengung versucht, ins Licht zu gelangen.

Im Hintergrund: Die sieben Goldberge
Im Vordergrund: Gestrüppgelände

Ja, ich möchte **den Querkopf** und/oder **den Eichborn-Newsletter** (per E-Mail) gern haben.

Name ....

Straße, Hausnummer ....

Postleitzahl, Ort ....

E-Mail ....

»Antwort auf die wirklich wichtigen Fragen.«
Playboy

Christian Ankowitsch
Dr. Ankowitschs Kleines Universal-Handbuch
Illustriert
176 Seiten, gebunden
Euro 14,95 (D) · sFr. 26,–
ISBN 978-3-8218-4931-7

bitte freimachen

Eichborn AG
Kaiserstraße 66

60329 Frankfurt am Main

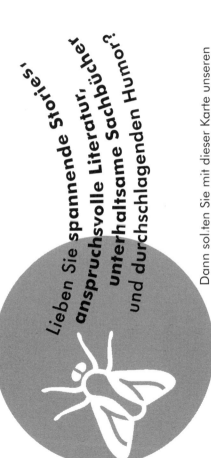

Lieben Sie **spannende Stories**, **anspruchsvolle Literatur**, **unterhaltsame Sachbücher** und **durchschlagenden Humor?**

Dann sollten Sie mit dieser Karte unseren kostenlosen **aktuellen Querkopf*** anfordern.

Diese Karte einfach lesbar mit Ihrem Absender versehen, frankieren und zur Post geben.
Anforderung per Fax unter 069/25 60 03-30.

Besuchen Sie uns im Internet: **www.eichborn.de**

* Der Querkopf gibt Auskunft über die Bücher aus dem Eichborn Verlag, der zu den wenigen konzernunabhängigen Publikumsverlagen zählt. Sie finden darin **Belletristik, Sachbücher, Ratgeber** und **Cartoons** ebenso wie **Hörbücher** und **Geschenkartikel.**

Hinter dem Gestrüpp und den Goldbergen liegt eine Mauer aus Silber. Das ist dieselbe Außenmauer, auf die Sie gestoßen wären, wenn Sie durchs →Land des Priesterkönigs Johannes gegangen wären, bloß von der Ostseite der Welt! Das Gute hier: Es stehen weder Cherubim noch alte Türhüter herum, die Sie am Eintritt hindern können. Geheim ist diese Tür zwar nicht, denn die Himmelsbewohner haben von ihr natürlich Kenntnis, aber wer es bis an die Hintertür des Paradieses schafft, hat sich den Eintritt redlich verdient. Gehen Sie rein!

LAND UND LEUTE

Herzlich willkommen! Ist das nicht herrlich? Diese **Auen** voller **Blumen**? Die vielen weiß gekleideten Männer und Frauen? Dieser wunderbare Duft (Zimt!), der alles erfüllt? Achten Sie auf die Bäume, an denen Edelsteine wachsen! Sie funkeln heller als jeder Edelstein, den Sie je beim Juwelier sahen! In alle Himmelsrichtungen ist **das Land** von goldenen Netzen umgeben. Von überall her dringt Sphärenmusik, eine mächtige, süße Harmonie, die die Ohren erfüllt, so eine Art paradiesisches Café del Mar.

Willkommen im Paradies

Alles hier hat Rhythmus, sogar die Wettervorhersage:
Im El'ysium ist den 'Menschen das 'leichteste 'Leben be'reitet
denn 'kein Schnee, kein 'Regen noch 'Grauen des 'Winters
be'fällt sie
sondern be'ständig 'schickt der O'keanos 'wehenden 'Westwinds
'liebliches 'Säuseln he'rein und er'frischt die 'Seele der
'Menschen.
Toll!
(Homer, Odyssee, IV. Buch, S. 560 ff.)

Sie können jetzt in den sanften Auen in kristallhell klarer Fülle wandeln, zwischen lächelnden Blumen. Oder Sie schauen den Seligen beim Tanzen, Spielen und Singen zu! Oder aber Sie machen sich auf Entdeckungsfahrt – denn es gibt natürlich noch allerlei zu sehen. Schließlich ist das Paradies unendlich weiter, tiefer und größer als für uns wahrnehmbar.

Vielleicht treffen Sie den Propheten Mohammed! Auf seiner frauenköpfigen Stute Buraq reitet er unter Vogelgesang in den blühenden Paradiesgarten ein. Dort reichen glutäugige Huri auf Kamelen sich die Hände und schenken sich gegenseitig Blumensträuße!

Viele Bewohner tragen schneeweiße Binden um die Schläfen und wohnen in heiligen Hainen. Krankheiten sind im Himmel unbekannt, das Leben ist natürlich unendlich. Jeder Bewohner hat ein perfektes Gehör, Adleraugen und einen scharfen Verstand – wobei ein scharfer Verstand bei anderen vielleicht auch zuweilen ganz schön nerven kann. Hier, innerhalb der Silbermauer, wohnen diejenigen, die in guter Ehe gelebt und den Armen Almosen gegeben haben.

SEHENSWÜRDIGKEITEN

DIE GOLDENE MAUER
Wenn Sie tiefer in die Aue hineingehen, stoßen Sie bald auf eine Mauer aus massivem Gold. Dahinter wird es (Überraschung!) noch schöner: Hier stehen mehrere Zeltlager mit Zelten aus Purpur und Linnen. Die Sitzkissen sind mit Edelsteinen ausgelegt und mit Seide verkleidet, wo-

bei herkömmliche Kissen sicher gemütlicher sind. Man hört Musik von Saiteninstrumenten, Pauken, Orgeln und Harfen.
Die Menschen tragen Kronen, vor ihnen stehen Lesepulte – warum auch immer. Über den bekrönten Häuptern hängen Ketten aus purem Gold, dazwischen silberne Drähte, an denen goldene Glöckchen, Becher, Schalen und Zimbeln baumeln. Zwischen den Drähten hindurch fliegen goldbeflügelte Engel, die mit ihren Schwingen alles zum Klingen und Singen bringen.

Baumriese

Neben den Zelten wachsen vielfarbige Rosen, erhabene Lilien und duftende Kräuter, die alle komplett unverwelklich sind. Nicht weit von den Zelten entfernt steht ein **riesiger Baum**, unter dem **kleine Häuschen aus Elfenbein und Gold** stehen. Darin sitzen Seelen, die die Kleidung von Mönchen und Nonnen tragen. Dies sind aber nicht unbedingt Ordensleute, sondern Erbauer und Verteidiger von Kirchen. Daraus folgt, dass es weniger bringt, seine Frau gut zu behandeln, als eine Kirche zu bauen. Denn im ersten Fall landet man nur innerhalb der Silbermauer, im zweiten aber innerhalb der Goldmauer!

DER JADEPALAST

Innerhalb der Goldmauer erstreckt sich im Westen das Gebirge Kun Lun. Hier steht, direkt an der Goldmauer, der riesige Jadepalast der »Königinmutter des Westens«, Hsi Wang Mu. Der Palast ist neun Stockwerke hoch, liegt in einem wunderschönen Park und ist der Wohnsitz von Gautama Buddha. Den Jadepalast erbaute der himmlische Bogenschütze Hou I, dessen andere Großtat darin bestand, neun von den ursprünglich zehn Sonnen am Firmament herunterzuschießen. Na, schönen Dank auch, Hou I!

In dem Park entspringt eine Quelle, die nie versiegt, und auch hier wachsen Edelsteinbäume. Sie sollten Ihr Augenmerk aber nicht auf die Edelsteinbäume richten (die wachsen im Paradies ja wie Unkraut), sondern auf den See der Juwelen. An dessen Ufer gedeiht nämlich der sagenhafte Pfirsichbaum. Er trägt die chinesisch-buddhistischen Pfirsiche der Unsterblichkeit. Wie der Name schon sagt, verleihen diese Früchte ewiges Leben. Aber die Sache hat einen Haken: Der Baum trägt nur alle 6000 Jahre Früchte. Und wer so lange gewartet hat, wird die Unsterblichkeit dann eventuell gar nicht mehr nötig haben.

Hsi Wang Mu feiert auch nur alle 6000 Jahre ihren Geburtstag mit einer Riesenparty und dem unirdisch leuchtenden Elixier der Pfirsichfrüchte, so einer Art »Bellini« Asiens. Leider lädt sie nur Götter dazu ein.
Wahrscheinlich werden Sie Hsi Wang Mu nicht zu Gesicht bekommen; sie hat aber eine erzählenswerte Wandlung in ihrem Leben durchgemacht: Früher war sie ein bedrohliches Wesen mit Tigerzähnen und einem Leopardenschwanz. Damals war sie zuständig für ansteckende Krankheiten. Erst im Alter verwandelte sie sich in das anmutige Wesen mit dem könig-

lichen Kleid, das sie heute immer noch ist. Mit ihrem Mann hat sie Dung Wang Kung, neun Söhne und 15 Töchter hat.
Sollten Sie zufällig in einem fruchtbaren Jahr mit Pfirsichernte anreisen: Wagen Sie es ja nicht, einen Pfirsich zu rauben. Sonst geht es Ihnen wie dem Affenkönig Sun-Wu-Kung, den es einst nach diesen Früchten gelüstete. Er kletterte äffchenhaft in den Himmel und stahl ein paar Früchte, wurde aber von Gautama Buddha erwischt und zum Tode verurteilt. Nur dank Guan Ying, der vielarmigen Göttin der Barmherzigkeit, wurde er wieder auf die Erde zurückgeschickt. Es ist nicht gesagt, dass Sie ähnlich milde davonkommen würden!

INNERHALB DER EDELSTEINMAUER
Immer frisch weiter ins Landesinnere, auch wenn Sie gerne am See der Juwelen bleiben möchten! Bald stoßen Sie auf eine dritte Mauer, diesmal aus verschiedenen Edelsteinen: Beryll, Amethyst, Kristall, Smaragd, Saphir etc. Wie man die vielen Edelsteine zusammenhält? Nun, als Mörtel wurde Gold verbaut.
Innerhalb dieser Mauer wohnen Patriarchen, Apostel, Märtyrer, Propheten, Jungfrauen und Bekenner. Das Leben unterscheidet sich hier nicht wesentlich von dem im vorherigen Mauerring, deshalb folgen wir der edelsteingepflasterten Straße nach Osten, in Richtung der Stadt, die im weichen Licht von ferne glänzt.

Auf dem Weg dorthin säumen Binsenfelder Ihren Weg, von deren Ernte man ein ewiges Auskommen hat. Die Binsenfelder rauschen leise im sanften Licht und werden von ägyptischen Bauernseelen gepflügt, die ein tolles Hobby haben: In ihrer Freizeit befahren sie im Millionenboot des Sonnengottes Re den Himmel.
Nachdem Sie hinter den Binsen den Fluss Viradja überschritten haben, gelangen Sie zu einem kleinen Teich in einem Wäldchen. Tun Sie es den Einheimischen gleich und nehmen Sie ein Bad im **hinduistischen Nektarsee Airammada**! Der See mag zwar ein bisschen klebrig sein, ein Bad in ihm ist aber ein ganz besonderes Erlebnis! Anschließend werden Sie von 500 Frauen auf einer Perlenbank mit Brahmaschmuck geschmückt.
Weiter geht es die Königstraße entlang. Achtung! Hier wird man vor Freude schwindlig! Bevor eine Ohnmacht droht, stärken Sie sich vielleicht noch ein wenig in Walhall. Dann machen Sie sich auf, um Vishnu und das Himmlische Jerusalem zu erblicken!

Badende
im Nektarsee

WALHALL

Das Gasthaus »Walhall« liegt auf dem Weg – ein gewaltiger Palast, in dem gefallene germanische Kämpfer zusammen mit Odin feiern, und zwar in einer goldenen Halle von Weltstadt-Germania-Ausmaßen, mit einem Dach aus Schilden und einer Wand aus Speeren sowie sage und schreibe 540 Türen, durch die jeweils gleichzeitig 800 Krieger ziehen können. Man ernährt sich (All You Can Eat) von Eberfleisch und von Met (→Schlemmen wie die Götter). Wer in Walhall nicht gerade säuft oder frisst, übt sich im Kampfspiel. Die Krieger trainieren für den Weltuntergang Ragnarök, an dem sich der böse Fenriswolf (→Kröten, Lurche, Salamander) losreißen wird. Man muss sich das Ganze in etwa wie ein Jahrestreffen der Hell's Angels vorstellen, bloß eben im Paradies. Verrückt!

DAS HIMMLISCHE JERUSALEM

Das **Himmlische Jerusalem** ist das Ziel und gleichzeitig der Höhepunkt Ihrer Reise! Es ist auch von einer hohen Mauer umgeben und vom Grundriss her ein Quadrat. Die Mauer hat ein Fundament aus Jaspis und besitzt zwölf Tore. Beachten Sie die Tore!

Das Tor zum Himmlischen Jerusalem

Alle zwölf sind aus jeweils einer einzigen Perle gehauen und changieren fantastisch in allen Farben des Regenbogens. Die Stadt selbst ist aus purem Gold, gleichzeitig aber durchscheinend wie Glas. Die Ziegelsteine und das Straßenpflaster sind ebenfalls aus Gold. Hier gibt es weder Sonne noch Mond. Was hier leuchtet, ist einzig und allein der Glanz des Herrn – und das Gold natürlich. Wenn Sie das Himmlische Jerusalem über die Hauptstraße betreten haben, werden Sie in der Mitte der Straße den Fluss mit dem Wasser des Lebens bemerken. Der Fluss wird gesäumt von einem einzigen Baum, der aber entlang des Ufers auf beiden Seiten wächst – das ist der **Baum des Lebens,** der zwölfmal im Jahr

Baum des Lebens

Früchte trägt. Die Blätter des Baumes können die Völker heilen. Stecken Sie ein paar von ihnen ein – vielleicht kriegen Sie heraus, was es bedeutet, ein »Volk zu heilen«!

Schreibe-Engel

An der Hauptstraße steht eine unfassbar große Bibliothek: Hier werden die Taten eines jeden einzelnen Menschen, ob gut, ob böse, aufgeschrieben, damit Michael beim Totengericht am Eingang keine Fehler macht. Was aber noch interessanter ist: Hier wird auch die Geschichte der Menschheit von **Schreibe-Engeln** aufgezeichnet. Und zwar auch die Zukunft! Wenn Sie sich einen Bibliotheksausweis besorgen können, finden Sie doch bitte einmal unauffällig die Lottozahlen von Samstag, dem 9. Juni 2018 heraus – ich kenne jemanden, der gerne mit einer Riesenparty in seinen 50. Geburtstag reinfeiern würde!

Im Himmlischen Jerusalem gibt es weder Frost noch Hitze, keine Nacht, keinen Abend und keine Wolken. Also: keine Engel auf Wolken, keine Wolke sieben und ähnliche Wolkenfantasien – alles aus dem Reich der Legende! Wolken sind im Himmel unbekannt, da eine Wolke den Glanz des Herrn vermindern könnte. Es gibt auch keinen Wechsel der Jahreszeiten, keinen Sonnenbrand, kein Alter und keine Alterserscheinungen. Gott ist also KEIN alter Mann, der schon bei der Erschaffung Adams einen weißen Bart hatte! Eat this, Michelangelo!

DER JUNGBRUNNEN
Gebrechlich? Alt? Krank? Der Fluss mit dem Wasser des Lebens speist den Jungbrunnen – ein Spektakel, das Sie nicht verpassen dürfen (auch wenn es der Albtraum der Rentenkassen ist)! Auf der einen Seite werden

auf Schubkarren und Pferdewagen die Siechen und Schwachen herangekarrt. Völlig nackt durchqueren sie das Becken. Auf der anderen Seite steigen sie aus und dürfen sich in einem roten Zelt wieder anziehen. Anschließend sehen sie aus wie Teenager, erquickt und bereit zum Knutschen, Tanzen und Tändeln.

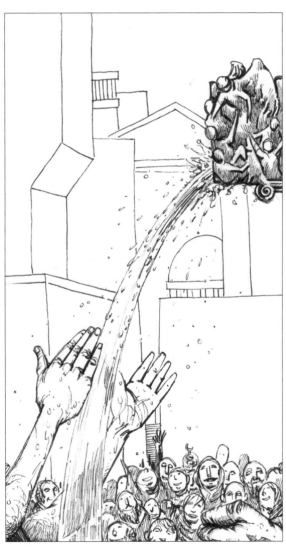

Jungbrunnen

Tlaloc

Trotz der völligen Abwesenheit von Wolken kann es hier aber durchaus regnen: Aus den Händen des **aztekischen Gottes Tlaloc** fallen zuweilen dicke Regentropfen, die den Seelen zusätzlich auch noch von oben Gesundheit schenken.

SPECIAL: ENGEL

Im Himmel gibt es 301 655 722 verschiedene Engel mit vielfältigsten Aufgaben. Namentlich bekannt sind uns allerdings lediglich zirka 6000 davon – und selbst ausgewiesene Angelologen kratzen sich zuweilen am Kopf, weil sie die verschiedenen Schreibweisen der Namen oder die einzelnen Aufgaben der Himmlischen nicht auseinanderhalten können. Sprechen Sie die Engel an! Fragen Sie sie! Engel sind die Vermittler zwischen Gott und den Menschen; es gehört also zu ihrem Job, Ihnen Auskunft zu geben. Am besten fragen Sie in der Zeit von 17:30 Uhr bis Mitternacht, denn in dieser Zeit sind Engel besonders aufnahmebereit.

Es gibt allerdings ein echtes Problem: Engel sprechen nicht die Sprache der Menschen, weil die menschliche Sprache fehlerhaft und zum Lügen sowie zum Austragen von Konflikten geeignet ist – alles Eigenschaften, mit denen Engel in ihrer absoluten Wahrhaftigkeit natürlich nicht umgehen können.Gleichzeitig können sie weder unsere Gedanken lesen, noch in die Zukunft schauen. Engel reden folglich ihre eigenen Sprachen, und das sind natürlich die berühmten »Engelszungen«. Die gehen so: Engel drücken ihre Gefühle mit Vokalen (z. B. »Oeuiaoueeau«) aus und ihre Ideen mit Konsonanten (z. B. »Drspflkmrstgltz«). Das ist leider in etwa so wie ein finnischer Film mit hawaiianischen Untertiteln, was sowohl die Unterhaltung mit ihnen als auch den Engeljob als Übersetzer der göttlichen Botschaft ein wenig erschwert.

Im Zweifelsfall wenden Sie sich an einen Deute-Engel *(angelus interpres)* wie etwa den Erzengel Gabriel, der immerhin z. B. Maria die Frohe Botschaft brachte, sie werde ein Kind empfangen. Durch seinen guten Job als erfolgreicher Überbringer einer Botschaft an Maria genießt Gabriel bei uns Menschen einen ausgezeichneten Ruf: Er ist der Schutzpatron der Postboten und des Internets. Also: Wenn Ihr Outlook abstürzt, einfach den Erzengel Gabriel anrufen!

Ein weiterer Deute-Engel ist Anfiel. Anfiel ist dafür zuständig, die Gebete der Menschen in den siebten Himmel weiterzureichen. Vielleicht ist ja der schwierige Transfer von Menschen- in Engelszunge (»Wkrstkrmpf!«) ein Grund dafür, dass nicht alle Gebete erhört werden – und die Rechtfertigung Gottes angesichts allen Übels in der Welt wäre dann ganz einfach: Anfiel ist einfach ein miserabler Übersetzer, der ständig Vokal- und Konsonantenmassaker anrichtet.

Hilfreich könnte für Sie aber der Engel mit dem merkwürdigen Namen Sandalphon sein. Er webt Ihre Gebete zu Blumenkränzen – eine Sprache, die jeder versteht. Sag's mit Blumen! Außerdem ist er bei jedem Geschlechtsverkehr auf der Erde dabei, der alte Spanner! Sandalphon bestimmt, ob es bei einer Schwangerschaft ein Junge oder ein Mädchen wird. Wenn Sie noch nicht so weit sind, weil Ihr Wunschpartner noch nichts von seinem (Familien-)Glück weiß, wenden

Sie sich an den Engel Theliel: Er sorgt dafür, dass der oder die Angebetete Sie erhört.

Für entspannten Umgang mit Vorgesetzten ist Nithael zuständig, für Erfolg im Buchhandel der Engel Ieiazel. Haaiah ist der Schutzengel der Geheimdienste, und Hahuiah ruft man an, wenn man Ameisen in der Küche hat. Sie sehen: Man kann einfach nicht alle Engel kennen.

Im Übrigen ist das Paradies strikt hierarchisch strukturiert: Da gibt es Chef-Engel (z. B. die Seraphim mit sechs Flügeln oder die Cherubim mit ihrem Flammenschwert), Mittel-Engel (die heißen »Herrschaften«, »Mächte« und »Gewalten«) sowie die einfachen Unter-Engel (z. B. die Erzengel). Diese strikte hierarchische Ordnung ist nicht ganz unproblematisch: In der Schule lernen wir, dass man bestimmte Adjektive wie »perfekt« oder »optimal« nicht steigern kann. Dieses Wissen wird im Himmel suspendiert: Denn natürlich ist hier alles perfekt, selbst die kleinste Engelsputte, auch wenn sie nur im neunten Chor, zwote Reihe singt. Danach kommen aber die noch perfekteren Engel, bevor die perfektesten Engel kommen, die aber noch lange nicht so perfekt sind wie die allerperfektesten etc. Wenn Sie also demnächst in einer Konferenz sitzen und Ihr Chef sagt mal wieder »Frau X, das war nicht ihre optimalste Leistung«, verbessern Sie ihn nicht. Denken Sie an Nithael, den Engel für die Vorgesetzten!

DIE HIMMEL

Die Seelen im Himmlischen Jerusalem tragen leuchtende Engelsgewänder aus Seide und Brokat. Der Gott Vishnu allerdings trägt ein gelbes Gewand sowie ein Diadem, eine Muschel, einen Diskus und eine Keule. Sollten Sie ihn treffen, erkennen Sie ihn aber sowieso – er hat mindestens vier Arme und reitet auf einem Vogel.

Die **Bürger sind vornehmlich mit dem Lobpreis Gottes beschäftigt**. Dennoch hat man Zeit für gute Umgangsformen und teures Geschmeide, und man legt auch Wert darauf: Jeder, der ins Himmlische Jerusalem eintritt, bekommt Armreifen aus Gold und Perlen geschenkt.

Wenn Sie weiter Richtung Ortszentrum schlendern, sehen Sie schon die verschiedenen Himmel, die sich ringförmig um den Ortskern legen.

Bürger

Zuerst durchschreiten Sie die Mondsphäre. Hier sitzen Seelen, die schuldlos daran gehindert wurden, ein Gelübde zu erfüllen. Ich weiß nicht, ob es für die Mondsphäre reicht, wenn man sich sonntags vorgenommen hat, eine Woche keine Süßigkeiten zu essen, und dann kommt am Mittwoch die nette Kollegin aus der Buchhaltung mit Streuselkuchen ins Büro, den man natürlich nicht abschlagen kann. Dann wär's ja einfach!

Im dahinter liegenden Merkurhimmel feiern große Staatsmänner. Rudolf Scharping wird also mal woanders wohnen. Der nächste Himmel ist der Venushimmel, in dem die großen Liebenden sitzen. Also Romeo und Julia, Diana und Dodi oder Rudolph Moshammer und Daisy. Und so geht es weiter: Im Sonnenhimmel feiern christliche Philosophen wie Thomas von Aquin, Franz von Assisi und Peter Hahne (natürlich nicht so bald, wie wir hoffen), während im Marshimmel Märtyrer und Kreuzfahrer das Paradies genießen. Im Jupiterhimmel jubeln Friedensfürsten, und im Saturnhimmel leben Einsiedler sowie berühmte Mönche. Und irgendwann kommen Sie ins Zentrum, zum Fixsternhimmel.

Jungfrau Maria im Erdbeerfeld

Im Fixsternhimmel wächst ein riesiges **Feld voller Walderdbeeren**. Erdbeeren sind ein sicheres Zeichen dafür, dass die Heilige Maria nicht weit weg ist. Die Erdbeere ist nämlich eine Pflanze, die gleichzeitig blüht UND Früchte trägt, genau wie die Muttergottes, die gleichzeitig als Jungfrau unschuldig blühend und als Mutter fruchttragend ist. Und tatsächlich: Mitten im Erdbeerfeld thront sie!

Neben der Maria steht ein Mann, dessen Haar weiß wie weiße Wolle ist und der Füße aus Messing hat. Seine Stimme klingt wie eine Wasserspülung. Er trägt sieben Sterne in seiner rechten Hand, und aus seinem Munde ragt ein zweischneidiges Schwert. Laut der Offenbarung des Johannes könnte es sich bei diesem Mann um Jesus handeln. Dann öffnet sich eine goldene Tür zum Kristallhimmel.
In diesem Kristallhimmel (Eintritt frei!) sehen Sie 24 ältere Herren in Form einer riesigen Rose um einen Lichtsee gruppiert, der von sieben Fackeln beleuchtet wird. Die Herren spielen Instrumente und tragen Kronen auf dem Kopf. Das ist quasi der Ältestenrat des Himmels.

Wenn Sie jetzt hinter der goldenen Tür einen Regenbogen entdecken und es gleichzeitig blitzt und donnert – dann haben Sie es geschafft. Bewundern Sie den Kristallhimmel, lassen Sie sich im vorgelagerten Erdbeerfeld nieder und ruhen Sie sich aus. Sie sind am Ziel Ihrer Reise angekommen! Mehr kann man nicht erwarten, als IHN zu erblicken! Wobei IHN nicht den Regenbogen meint, sondern IHN. Wer ER ist? Na, ER. ER ist, der ER ist. Sie stellen aber auch Fragen.

FLORA UND FAUNA

Wenn man irgendwo auf der Welt ein Fleckchen schöner Natur entdeckt, ist man schnell mit Vergleichen vom »Garten Eden« oder von »paradiesischer Natur« bei der Hand. Aber warum sich mit billigen Kopien zufrieden geben? Hier ist das Elysium, das Original: Die Luft im Paradies ist von Düften erfüllt, kein Schlamm trübt die Flüsse, wir sehen kristallklare Bäche mit blumenreichen Wiesen.
Hier, im Garten der Gerechtigkeit, steht der Baum der Weisheit. Er sieht aus wie eine Fichte, aber sein Laub ähnelt dem eines Johannisbrotbaums. Seine Früchte hingegen sind wie Weintrauben, und man kann seinen Duft aus großer Entfernung riechen.

Eine ganz besondere Kostbarkeit ist die paradiesische Lotospflanze. Ihre Blüten sind aus Edelsteinen, und einige dieser Angeber-Blüten haben bis zu 16 Kilometer Umfang. Von jedem Edelsteinlotos gehen 36hunderttausend Millionen Strahlen aus. Und am Ende jedes Strahls leuchten 36hunderttausend Millionen Buddhas mit goldfarbenen Körpern. Das wären also pro Lotosblume 36hunderttausend Millionen mal 36hunderttausend Millionen Buddhas, also 12,96 Trillionen. Kein Wunder, dass goldfarbene Buddhas in amerikanischen Chinatowns so günstig zu haben sind!

Lotusbuddha

Nebenan stehen Sidrabäume, Lotosbäume und Zizyphusbäume, deren Blätter so groß wie Elefantenohren sind und die Früchte tragen, groß wie arabische Tonkrüge. Andere Bäume wiederum haben die Form von weiblichen Brüsten. An ihnen nähren sich die verstorbenen Kinder der Azteken.

> *Der Juwelenbaum ist quasi der Wappenbaum des Paradieses. Juwelenbäume wachsen überall und tragen die sieben Pretiosen: Beryll, Gold, Koralle, Kristall, Perlmutt, Silber und Smaragd. Nutzlos – aber schön! Warum ausgerechnet Juwelenbäume? Dem Teufel ist, abgesehen von Weihwasser, nichts so sehr verhasst wie ein Edelstein. Die heilige Hildegard von Bingen weiß zu berichten, dass der gefallene Engel Luzifer darin eine Botschaft liest: Im Strahlen der Steine erkennt er den Glanz jener Herrlichkeit, die er früher, vor seinem tiefen Fall, besaß. Deshalb sind Edelsteine auch auf der Erde so wertvoll!*

Auf den Blumenwiesen des Paradieses spielen Rehe, Hermeline und Hasen miteinander. Durch die Luft schwirren Kolibris mit glänzendem Gefieder und strahlend weiße Schmetterlinge, groß wie Trinkschalen – das sind im Krieg gefallene Azteken oder Griechen, deren unsterbliche Seelen als Hauch, als Vogel oder als Schmetterling durch die Luft sirren. Letztere müssen sich allerdings vor anderen seligen Azteken vorsehen. Denn deren Haupttätigkeit besteht neben dem Lobpreis der Götter vor allem im spielerischen Fangen von Schmetterlingen!

Hier, in den ewigen Jagdgründen, zwitschern Vögel mit schönstem Gefieder ihre süßen Melodien. Auf den üppigen Ebenen grasen Büffel und Hirsche. Sie können sie nach Herzenslust jagen! Wie oben schon erwähnt (→Durchs Land des Priesterkönigs Johannes), sind Büffel und Hirsche unsterblich! Nach Verzehr springen sie wieder munter umher! Auch Eichhörnchen, Kraniche, Otter, Biber, Wasservögel und Fische aller Art gibt es im Überfluss.

Wer allerdings glaubt, es gebe hier keine Schlangen, Skorpione, Hyänen oder Wölfe, der sieht sich getäuscht. Auch sie leben im Paradies. Und erstaunlicherweise treffen wir auch viele Tiere, die wir in der Hölle gesehen haben, wieder. Zwar gibt es natürlich kein Ungeziefer wie Zecken, Flöhe oder Schildläuse, dafür aber Lindwürmer, Echsen, Vipern, Ratten, Kröten, Lurche, Salamander. Allerdings lassen sie sich, genau wie die Nattern und **Drachen** aus ihren Höhlen, von **kleinen Kindern** an der Leine führen und **unterwerfen sich der Herrlichkeit Gottes.** Dennoch weiß man angesichts der vielfältigen Tierwelt manchmal nicht genau, ob man sich noch an einem freundlichen Ort befindet – oder schon in einem Vorhof zur Hölle.

Ein Kind führt einen Drachen spazieren.

GENIESSEN IM GARTEN EDEN

Das Essen im Paradies ist vielfältiger, als die etwas eintönige Landschaft (Edelsteinbäume, immer wieder Edelsteinbäume!) es vermuten ließe: Man gibt sich ungehemmt ausschweifenden Genüssen hin, die zu Lebzeiten der Seelen eigentlich als Todsünde der →Völlerei zu ewiger Verdammnis geführt hätten. Aber wovon der Lebende Abstand nehmen sollte, ist der unsterblichen Seele gestattet, sofern sie sich eben auf der

Erde asketisch und sittsam verhalten hat: Bechern und tafeln Sie mit! Wann kann man schon einmal ohne schlechtes Gewissen und ohne Blick auf die Kalorientabelle so ausgiebig schlemmen? Erwarten Sie aber keine Sterneküche. Die Mahlzeiten im Himmel sind eher einfach als raffiniert; außerdem braten die meisten Sterneköche eh in der Hölle. Dafür sind die Zutaten immer frisch – und das Beste: Die Rechnung geht aufs Haus! Alles für lau!

ANFÄNGERFALLE VERDAUUNG!

Bevor Sie sich hungrig auf das Büfett stürzen: Obacht! Es gibt im Paradies *keine* öffentlichen oder privaten Toiletten! Die Einwohner können so viel essen und trinken wie sie wollen, aber ein Seliger hat weder einen Stoffwechsel noch dessen Begleiterscheinungen. Dementsprechend sind weder Dixi-Klos noch Toilettenpapier irgendwo zu haben. (Die Klopapiermarke mit dem Namen »Paradiso« ist also reiner Etikettenschwindel.) Und wagen Sie es ja nicht, sich irgendwo heimlich zu erleichtern. Hier ist alles klinisch rein und steril, man schöpft mit goldenen Bechern direkt aus den Milchseen – jede Verunreinigung wäre ein unverzeihlicher Frevel. Daraus folgt: Essen Sie gerne reichlich, aber nie so viel, dass Sie unbedingt eine Bedürfnisanstalt aufsuchen müssen! Auch wenn es schwerfällt – das sollten Sie berücksichtigen. Gegebenenfalls müssen Sie Ihre Reise vorzeitig beenden! (Vgl. S. 130)

Eine weitere Einschränkung kennen Sie schon: Finger weg von Äpfeln! Auch mit Zucker glasierte Paradiesäpfel, wie Sie sie von Jahrmärkten auf der Erde kennen, sind nur Äpfel! Ein Bissen davon, und Sie fallen in einem neun Tage währenden Sturz in die Hölle zurück. Und das für immer. Abgesehen von diesen Einschränkungen: Guten Appetit!

NEKTAR UND AMBROSIA

Hienieden ist Nektar ja ein wenig begehrenswertes Getränk: Zu 25 Prozent nur besteht es aus Fruchtsaft (z. B. Johannisbeere), der Rest sind Zucker und Wasser. Na ja. Und irdisches Ambrosia ist eine Mischung aus Pollen und Honig. Hm. Im Himmel sind Nektar und Ambrosia zwar deutlich leckerer, aber auch im Paradies bleibt uns eine Enttäuschung nicht erspart: Nektar und Ambrosia sind nämlich miteinander identisch. Erst Homer hat beide getrennt und aus Ambrosia eine Speise und aus Nektar ein Getränk gemacht.

Himmlisches Ambrosia aber ist sowohl Speise und Getränk als auch Salbe der Götter. Für uns ist es schwer nachvollziehbar, warum man gerne Salbe essen möchte, aber im Himmel ist eben vieles anders, denn sogar die Rosse der Götter werden mit Ambrosia gefüttert. Das echte Ambrosia erhöht die Schönheit des Körpers und schützt ihn vor Fäulnis; es würde Ihnen also Unsterblichkeit verleihen. Überlegen Sie aber lieber dreimal, bevor Sie zugreifen! Mancher hat es bereut, z. B. Tantalos (→Teufels Küche), der Ambrosia essen durfte, dann aber in die Hölle verbannt wurde und seitdem zwar unsterblich ist, aber eben auch auf Dauer die nach ihm benannten Qualen erdulden muss.

MANNA

Das berühmte Manna ist im Paradies nicht zu finden. Seinen Beinamen »Himmelsbrot« verdankt es der Tatsache, dass es dem Volk Israel auf seiner Flucht aus Ägypten in der Wüste über Nacht von oben vor die Füße fiel.
Wörtlich übersetzt aus dem Hebräischen heißt »Manna« vermutlich »Was ist das?« – eine berechtigte Frage, deren Beantwortung gleichzeitig auch erklärt, warum es im Himmel kein Manna gibt: Manna ist nämlich biologisch gesehen ein Ausscheidungssekret der Schildlaus. Es sind weißliche Tröpfchen, die die Insekten nach dem Genuss von Tamariskensaft absondern. Manna gilt als sehr nahrhaft, kalorienreich und schmeckt ziemlich süß. Aber da es im Paradies keine Schildläuse (→Flora und Fauna) gibt, bekommt man dort auch kein Manna!

SCHLEMMEN WIE DIE GÖTTER!

Himmelsbewohner essen und trinken gerne und reichlich. Zusammen mit Freunden ist das Mahl hier ein Genuss, der zuweilen in ein echtes Gelage ausartet und mit unseren Maßstäben (Vorspeise, Hauptgang, Dessert, Schnaps, Kaffee) kaum zu messen ist. Im legendären Restaurant »Walhall« feiern und saufen die gefallenen Krieger seit mehreren Tausend Jahren am Stück (→Sehenswürdigkeiten, Walhall)! Aber auch draußen, beim Picknick in den Auen, an den Flüssen und in den Straßen, werden Sie nicht alles schaffen, was Ihnen angeboten wird. Probieren Sie so viele Köstlichkeiten wie möglich: Es gibt aztekische grüne Maiskolben, saftige Kürbisse, zarte Kürbisblüten, würzige Pfefferschoten, Tomaten (die berühmten Paradeiser!) und grüne Bohnen. Jeden Morgen wird ein halber Kuchen gereicht, ein Stück Fisch und ein Becher Bier. Fast wie im Auenland also.

Dreimal im Jahr tragen die Felder hier honigsüße Frucht in Fülle, wobei nicht ganz klar ist, warum nur dreimal. Denn es gibt hier sowieso Früchte im Überfluss, die nie vermindert oder nur saisonal im Angebot sind. Auch die Bäche des Paradieses führen ihre Köstlichkeiten unabhängig von Ernte und Frucht: Der erste führt reines Wasser, der zweite niemals verderbende Milch, der dritte alkoholfreien Wein (bah!) und der vierte köstlich duftenden Honig. Ein weiterer Bach (aus dem man mit goldenen Bechern schöpfen kann) führt geschmolzene Butter und mündet in den Strom, der Honig führt. Am Zusammenfluss gibt es also so eine Art Karamellsirup.

In der Nähe der ägyptischen Seligen wird viel Opferbrot gegessen, das ägyptische Seelen sich von Osiris erbeten haben. Hier heißt es allerdings: Pfoten weg! Nichts von Grabbeigaben und Totenspeise essen! Sonst sind Sie für immer verloren! Das Opferbrot ist aber ohnehin nur Sättigungsbeilage und Wegzehrung für die ägyptischen Seligen, die sich gleich wieder auf den Weg machen, um eine Runde mit der Sonnenbarke des Re zu fahren.

Indische Selige

Indische Selige tragen blühenden Lotos und andere Schlingpflanzen im Haar. Das Haupt wird von weißstäbigen Sonnenschirmen geschützt, wobei das eigentlich nicht nötig ist, da die Sonne im Paradies nicht heiß brennt, sondern nur milde scheint. Man trägt wohlriechende Salben, trinkt himmlische Milch und schlürft süßen Nektar. Täglich wird Frühlingsbutter gereicht – von einem **herrlichen und strahlenden Mädchen** mit glänzenden Armen und hohen Brüsten, edelgeboren, 15-jährig und so schön wie das Schönste aller Geschöpfe. Dazu isst man Früchte, Fleisch und Geflügel, während man auf Kissen ruht, die mit Gold und edlen Steinen ausgeschmückt sind.

Mädchen mit Frühlingsbutter

Vielleicht haben Sie Lust, sich am Rauschtrunk Soma zu versuchen? Soma wird aus der Soma-Ranke gewonnen, die durch Seihen in himmlische Form verwandelt wird. Das Getränk verschafft Ihnen eine höhere Stufe der Tugend und der Heiligkeit. Aber Vorsicht, das Zeug hat es in sich: Wenn Sie zu viel davon nehmen, werden Sie von **himmlischen Nymphen in Vogelgestalt**, den **Apsaras**, wieder auf den Boden geholt, denn Sie dürfen ja nicht sooo tugendhaft werden, dass Sie den Göttern gefährlich werden können!

Der himmlische Wein wird in Flaschen serviert, deren Siegel aus Moschus besteht. Als Kellner dienen Jünglinge in ewiger Jugendblüte, die mit Bechern, Kelchen und Schalen ihre Runde drehen. Man kann den Wein auch noch mit reinem Wasser aus Tasnim mischen, der himmlischen Quelle. Aber auch pur verursacht er keine Kopfschmerzen und trübt den Verstand nicht. Wenn Sie allerdings gerne zuweilen einen kleinen Schwips haben, suchen Sie den Engel Wermut! Vielleicht hat er einen kleinen Dry Martini für Sie. Eigentlich aber ist er dafür zuständig, am Jüngsten Tag vom Himmel zu fallen und das Wasser auf der Erde bitter zu machen.

Apsara

RESTAURANTS

Im Gasthaus »Walhall« (→Sehenswürdigkeiten, Walhall) können Sie von nie versiegendem Eberfleisch probieren. Der Eber, von dem das Fleisch stammt, hat sogar einen Namen: Er heißt Sährimnir. Zu trinken gibt es Met ohne Ende, das eine Ziege namens Heidrun spendet. Heidrun mit dem Riesen-Met-Euter finden Sie unter dem Baum Lärad, an dessen Zweigen sie weidet.

Vielleicht können Sie von diesen unerschöpflichen Gaben sogar im Diesseits profitieren: Keltische Heroen haben schon wertvolle Gegenstände aus dem Totenreich gestohlen und mit in die Welt der Lebenden gebracht, z. B. einen unerschöpflichen Fleischkessel. Schauen Sie doch mal, ob es Ihnen gelingt, einen Bruder von Sährimnir aufzutreiben und so das Welt-Ernährungs-Problem zu lösen. Mehr als einen nicht versiegenden Eber braucht es ja nicht! Aber hüten Sie sich, Sährimnir selber zu stehlen – mit den Walhall-Stammgästen ist nicht zu spaßen!

Direkt neben dem »Walhall« gibt es ein christliches Restaurant: ein schönes Haus mit einer Vielzahl von Tischen, reichlichst mit besten Speisen gedeckt. Von allen verbreitet sich ein süßer Duft und erfüllt die Nase so wunderbar, dass man glaubt, allein schon von dem Geruch in Ewigkeit leben zu können. Hier speisen vornehmlich gehorsame und geduldige Mönche.

Wenn Sie ein gläubiger Moslem waren, brauchen Sie kein Restaurant: Sie sitzen unter freiem Himmel bei den dornlosen Lotosbäumen und an den schön geordneten Akazien. Dort werden Sie von sogenannten Huri verwöhnt. Das sind Frauen, die genauso alt wie Sie (hoffentlich sind Sie noch einigermaßen in Schuss!) und heiß verliebt in Sie sind. Ihre Körper sind aus Safran, Moschus, Amber und Kampfer. Ihre großen schwarzen Augen gleichen Perlen, die noch in ihren Muscheln verborgen sind. Mit den Frauen können Sie alles machen, was Spaß macht. Nur für den Fall, dass Sie schmutzige Gedanken haben: Jeden neuen Tag sind die Huri wieder ganz unberührt.

Zahlreiche Einwanderer aus aller Welt bereichern die gastronomische Szene des Paradieses. Verwunderlich allerdings, dass mit den reichlich zur Verfügung stehenden Grundnahrungsmitteln (Milch, Honig, Ambrosia etc.) überraschend wenig experimentiert wird. Vermutlich ist das Basisangebot so köstlich, dass an weiterer Verarbeitung oder Verfeinerung kein Bedarf besteht. Genießen Sie also das Essen der Einheimischen so, wie es ist. Das Einfache ist ja oft das Beste!

GEPFLOGENHEITEN, DOS AND DON'TS

Exklusiv für Leser des Reiseführers ins Jenseits: neun Insider-Tipps, wie Sie Ihren Aufenthalt im Himmel perfektionieren, aber auch Fehler vermeiden können!

NR. 1: IN WALHALL – BRAHMASCHMUCK ABLEGEN!
Nach einem Bad im himmlischen Nektarsee gehört ein Besuch im unmittelbar benachbarten Restaurant »Walhall« zum Pflichtprogramm eines jeden Jenseitsreisenden. Als Mann sollten Sie nicht vergessen, vorher den Brahmaschmuck abzulegen, der Ihnen nach dem Nektarbad überreicht wird! So friedlich das Paradies auch ist: Die Kämpfer in Walhall sind äußerst homosexuellenfeindlich und aggressiv – man sollte sie also nicht unnötig reizen!

NR. 2: KOKOSPALMEN RESPEKTIEREN!
Überall im Paradies wachsen Bananenbäume und Kokospalmen. Doch während Sie sich von den Bananen nach Herzenslust bedienen dürfen, sollten Sie den Palmen mit Respekt begegnen. Das sind nämlich verstorbene Indonesier von der Insel Sulawesi, die als riesige Kokospalmen im Paradies weiterleben dürfen. Wer ihre Kokosnüsse isst, wird sofort als Tourist erkannt. Vermeiden Sie diese peinliche Situation der Leichenschändung – es gibt genug andere Köstlichkeiten!

NR. 3: SKLAVEREI AKZEPTIEREN!
Obwohl man meinen könnte, dass im Paradies Herrschaftsverhältnisse weitgehend abgeschafft wurden, kann es durchaus vorkommen, dass Sie Bedienstete sehen. Irgend jemand muss ja den Wein bringen! Wenn Sie einen Mongolen entdecken, der von vielen Sklaven unterwürfig bedient wird, so könnte es sich um Dschingis Khan handeln. Jedem verstorbenen Mongolen dienen im Jenseits nämlich alle, die er selbst auf der Erde getötet hat. Das ist zwar nicht schön, aber immerhin sind weder die Sklaven noch Dschingis Khan in der Hölle!

NR. 4: BAUMHAAR PROBIEREN!

Eine besondere Spezialität! Baumhaar heißt bei uns Fädig-Hängender Greisenbart *(Tillandsia usneoides)* und ist ein Moosgewächs, das in Feuchtgebieten auf Bäumen wächst. Auf der Erde wird es höchstens als Packmaterial verwendet – im Paradies gilt es als Delikatesse. Wer genug hat von Nektar und Ambrosia, sollte sich daran versuchen – for a change!

NR. 5: NICHT ALLE ENGEL HABEN FLÜGEL!

Bitte beachten Sie: Nur die Cherubim und die Seraphim haben Flügel! Die Seraphim sogar sechs: zwei zum Fliegen, zwei um ihr Gesicht und zwei um ihre Scham zu bedecken. Immerhin sind sie ja in Gottes Nähe und haben deshalb züchtig zu sein! Alle anderen Engel aber: keine Flügel! Vergessen Sie die niedlichen Putten mit ihren Stummelflügelchen, streichen Sie das »geflügelt« aus der »Geflügelten Jahresendzeitfigur«, übermalen Sie die Sixtinische Kapelle! Engel treten eindeutig in Menschengestalt vor uns, um ihre Botschaften zu verkünden. Vielleicht haben sie eine strahlende Aura, vielleicht einen Atem aus Feuer, aber sie haben keine Flügel. Erst seit zirka 1500 Jahren gefallen sich die Künstler darin, ihre Engel mit Flügeln auszustatten. Das ist okay so, aber Sie wissen es jetzt besser!

NR. 6: WENN SIE AUF DIE TOILETTE MÜSSEN – SO GEHT'S SCHNELL!

Wenn Sie mal ganz schnell müssen und Ihren Aufenthalt frühzeitig abbrechen wollen: Rufen Sie die Heilige Barke! Die setzt Sie über nach Avalon, wo hinter den Nebeln König Artus wohnt. Dort gibt es einen Ausgang in die Welt der Lebenden, der direkt in die Abtei von Glastonbury in der Grafschaft Somerset führt. Dort sind Sie fix wieder im Diesseits und man darf wieder Stoffwechsel haben. Nur für Notfälle – denn Ihr Auto steht ja noch in Italien. Aber was tut man nicht alles, wenn einem die Natur kommt

NR. 7: VORSICHT VOR DEM WASSER DES LEBENS!

Das sprudelt ja durchs ganze Himmlische Jerusalem in Richtung Jungbrunnen. Nicht ganz geklärt allerdings ist der Effekt des Lebenswassers auf noch Lebende. Das sogenannte Merkurialwasser kann zwar Tote erwecken und ewige Gesundheit schenken, allerdings löst es auch jede materielle Substanz in Nichts auf – doof. Man braucht es aber auch unbedingt zur Herstellung des Steins der Weisen. Vielleicht füllen Sie ein Fläschchen ab (vorausgesetzt, das Fläschchen löst sich nicht auf) und stellen es nach Ihrer Rückkehr dem Max.Planck-Institut (www.mpg.de) zur Verfügung! Die freuen sich sicher.

NR. 8: MIT STUMPFSINN RECHNEN!

Anregende Diskussionen, kontroverse Gespräche, originelle Standpunkte? Vergessen Sie's! Im Paradies herrscht die reinste Konsensgesellschaft. Kommunikation ist überflüssig, weil hier jeder derselben Meinung ist. Dementsprechend ist Bildung auch verpönt – denn alles, was man wissen muss, liegt auf der Hand. Und das, was nicht auf der Hand liegt, muss man nicht wissen. Das Ringen um Erkenntnis gilt hier sogar als Todsünde (der entsprechende ‚Baum der Erkenntnis' hatte immerhin mal die Vertreibung der ersten Einwohner zur Folge). Das leicht entrückte Dauerlächeln der Bewohner als Debilität zu deuten, würden wir aus Gründen des Respekts vor dem Gastland natürlich nie tun! Aber auch nur deshalb nicht.

NR. 9: SCHWEIZER FRANKEN EINSTECKEN!

Natürlich ist es hier schön. Sehr schön sogar. Dennoch: jedes Fleckchen wird hier kultiviert. Dass mal einfach eine Wiese eine Wiese ist und vor sich hinwächst, das gibt's nicht. Alles ist bebaut, jedes Eckchen und Winkelchen wird genutzt. Jede Quelle treibt eine Mühle, wässert ein Feld, bildet einen Fischteich. Gärten, Weinberge, Äcker und Ländereien sieht man überall – Brachland hingegen nie. Hübsch – aber in dieser Beflissenheit auch ein wenig unsympathisch. Ein bisschen so wie Urlaub in der Schweiz.

RÜCKREISE

RETTUNG EINER SEELE

Sie waren in der Hölle. Sie waren im Himmel. Aber jetzt ist Ihr Resturlaub aufgebraucht und Sie müssen zurück ins Büro. Bloß wie? Es kommt darauf an, ob Sie alleine zurückreisen wollen oder ob Sie einen geliebten Menschen wieder mitnehmen wollen – denn auch das ist möglich!

Sie wollen Ihre verstorbene Jugendliebe aus dem Jenseits holen? So geht's: Gehen Sie in den Auen vor der Goldmauer auf die Jagd. Die Toten dort werden Sie auffordern, etwas zu erlegen. Sie werden aber in diesem Moment nur in der Lage sein, ein oder zwei Mistkäfer zu fangen. Das muss Sie nicht grämen, denn die Toten werden sich über die Käfer freuen und Sie als Jäger begrüßen. Anschließend dürfen Sie am Festmahl teilnehmen. Natürlich gibt es keine Käfer, sondern das, was die anderen gefangen haben! Wenn Ihre Frau Sie liebt, darf sie nach dem Festmahl mit Ihnen kommen. Allerdings sollten Sie, zurück auf die Erde gekehrt, drei Tage und drei Nächte nicht miteinander schlafen. Ein Tag für einen Toten ist aber ein Jahr für die Lebendigen. Also: nicht drei Tage, sondern drei Jahre keinen Sex! Wenn Sie das nicht berücksichtigen, sind Sie am dritten Morgen wieder allein!

Dem **Maori Hutu** gelang ein besonderes Kunststück, das Sie vielleicht nachmachen können: Sein früh verstorbenes geliebtes **Mädchen**, das Hutu aus der **Unterwelt** erretten wollte, ängstigte sich vor ihm, weil es ja nur noch ein **Schattenwesen** war, und versteckte sich. Um das Mädchen hervorzulocken, veranstaltete Hutu Ringelpiez mit Anfassen: Kreiselspiele, Speerwerfen etc. Aber erst von einer Art umgekehrtem Bungeesprung ließ es sich erweichen. Der zurückgebogene Baum schleuderte beide an die Unterseite der Oberwelt, von wo sie an Seilen an die Oberfläche klettern konnten. Gewusst wie!

Errettungsversuche können aber auch schiefgehen: Dem Skandinavier Hermod stand sogar ein achtbeiniges Pferd zur Verfügung, um den liebenswürdigen Baldur aus der Hölle zu befreien. Die Bedingung für Baldurs Errettung war jedoch, dass auf der Erde ausnahmslos alle Lebewesen um ihn trauern mussten. Das gelang auch fast – nur die Riesin Thökk verweigerte sich, und nur wegen dieser blöden Kuh muss der nette Baldur jetzt bis zum Weltenende in der Hölle bleiben.

Maori Hutu

Man muss gar nicht in die Hölle reisen, um Verstorbene zu retten! Das ist die gute Nachricht: Mit Hilfe einer Paste aus Weißwein und Diakackmuspulver kann man selbst Tote wiederbeleben! Die schlechte Nachricht: Diakackmuspulver ist pulverisierter Menschenkot.

Eine Alternative zu den ganzen Errettungsversuchen ist die Pflanze »Niemals altern«, die Ihnen schon auf der Erde ewiges Leben verleiht. Sie wächst auf dem Grund des Süßwassermeeres Apsu und ähnelt dem Stechdorn. Wenn Sie sie finden, müssen Sie höllisch darauf aufpassen! Der Held Gilgamesch hat »Niemals altern« unter großen Anstrengungen vom Meeresboden geholt, sie dann jedoch für einen kurzen Moment aus den Augen gelassen. Prompt wurde die Pflanze von einer Schlange gefressen. Seitdem können Schlangen sich häuten und damit »verjüngen«.

RETTEN SIE GLEICH DIE GANZE MENSCHHEIT!

Wenn Sie von Ehrgeiz zerfressen sind und es sich und Ihrer Mutter unbedingt beweisen wollen, gibt es sogar einen Weg, die gesamte Menschheit von der Geißel des Todes zu erlösen: Sie müssen dafür eine Aufgabe mit **Hine-nui-te-po** lösen. Die Dame kennen Sie schon; das ist die **große Nachtfrau mit den Haifischzähnen**, die Ihnen seinerzeit das Farnkraut gekocht hat (→Teufels Küche). Und das ist die Aufgabe: Suchen Sie sich ein paar Vögel, die Sie in die Unterwelt begleiten. Dann warten Sie, bis Hine-nui-te-po eingeschlafen ist. Anschließend kriechen Sie in den Schoß der Göttin und durch den Mund wieder heraus, ohne dass die Göttin aufwacht. Schwierig, ich weiß. Genau diese Aufgabe wurde dem polynesischen Helden Maui zum Verhängnis: Als er halb im Schoß der Nachtfrau verschwunden war, guckten nur noch seine Beine hervor. Weil das so lustig aussah, musste einer der Vögel (ein Paradiesvogel aus der Familie der Fliegenschnäpper), die Maui begleiteten, dermaßen lachen, dass Hine-nui-te-po aufwachte und Maui zerquetschte. Vielleicht stellen Sie sich geschickter an. Nehmen Sie aber lieber keine Paradiesschnäpper *(Terpsiphone paradisi)* mit!

Hine-nui-te-po

ICH WILL NACH HAUSE – EGAL WIE!

Wenn Sie nur ganz konventionell einfach nach Hause wollen, reicht es, wenn Sie in Gegenwart eines Bantu-Gottes Ihre Arme und Hände in fast kochendes oder fast gefrierendes Wasser tauchen. Wenn Sie die Arme wieder herausziehen, werden Sie feststellen, dass an Ihren Armen edelsteinbesetzte Armreifen aus purem Gold funkeln. Mit diesen Kostbarkeiten als Souvenir kommen Sie problemlos durch den Zoll. Der befindet sich links des Elfenbeintores hinter dem Höllenausgang beim Gestirn des Großen Bären – da, wo von rechts die Straße aus dem Paradies kommt und wo kein Toter durchgelassen wird; es sei denn, Sie haben ihn einer der oben angeführten Behandlungen unterzogen.

Folgen Sie dem Weg nach links, der hinter der Kreuzung Himmel/Hölle rasch in einen Wald führt. Der Wald wird langsam dichter, und nach einem zirka halbstündigen Fußmarsch kommen Sie zurück in die Acheron-Sümpfe bei Barletta. Hier herrscht wieder Rechtsverkehr, die Dinge haben ein spezifisches Gewicht, und die Menschen sprechen Italienisch. Irgendwo haben Sie Ihr Auto geparkt, und wenn es nicht im Parkhaus war, dürfte mittlerweile ein Knöllchen unter dem Scheibenwischer stecken. Nehmen Sie's gelassen, es ist halb so wild: Falschparken ist zwar kein Bagatelldelikt – aber man kommt dafür auch nicht gleich in die Hölle.

Ihre Reise geht jetzt langsam zu Ende, und es liegt nun an Ihnen, ob Sie mehr aus Ihrem Jenseitsurlaub mitnehmen wollen als ein Stückchen Grillkohle oder einen kleinen Smaragd. Wenn Sie zu Hause den Koffer auspacken, riecht Ihr Rentier-Pullover noch ein wenig nach Schwefel. Vielleicht fällt Ihnen noch ein Stückchen zähes Ambrosia aus der Jackentasche. Bald schon werden Sie Ihr normales Leben weiterführen, als gäbe es keinen Himmel und keine Hölle. Sie werden im Stau stehen und »Verdammt noch mal« fluchen. Sie werden ein leckeres Essen »himmlisch« finden, und Ihr Ausflug ins Jenseits wird Ihnen vorkommen wie ein ferner, wilder und intensiver Traum. Mit der Zeit werden Ihre Erinnerungen verblassen, aber seien Sie gewiss: Sie werden wiederkommen, eines Tages.

ANHANG

QUICK-FINDER:
WELCHE STRAFE FÜR WELCHE UNTAT?

ART DER SÜNDE	ART DER BESTRAFUNG	DAUER DER BESTRAFUNG
Abtreibung	bis zum Hals im Eiter sitzen	ewig
Alchemie und Münzfälscherei	mit ekligen Krankheiten belegt werden	ewig
Astrologie, Wahrsagerei	sich schrecklich verrenken und mit völlig verdrehtem Körper ewig nach hinten schauen müssen (zur Strafe für den Versuch, zu weit nach vorne zu schauen)	ewig
Ausschlafen bis nach Sonnenaufgang	im Ozean voller Riesenskorpione schwimmen müssen	ewig
Autoritäten widersprochen	auf kleiner Flamme gesimmert werden	1 mit 56 Nullen Jahre
Bärenfett vergeudet	vor dem Zelt ausrutschen, auf die Erde zurückfallen, dort unsichtbar, nackt und hungrig umherstreifen	ewig, aber nicht in der Hölle
Bestechlichkeit	in kochendes Pech getaucht werden	ewig
Betrug	die Lippen abgeschnitten bekommen	ewig
Brotteig mit Kleie gestreckt	von Satan persönlich abgeholt werden	Schicksal ungewiss
Bruder oder Vater ermordet	auf einen glühenden Deckel stürzen, geschmolzen werden, wie Fett von den Rändern hinablaufen, als Dampf wieder nach oben steigen, um sich dort zu erneuern und wiederum hinabzustürzen	ewig
Diebstahl	Wegnahme der Persönlichkeit; unablässige Verwandlung	ewig

Quick-Finder

ART DER SÜNDE	ART DER BESTRAFUNG	DAUER DER BESTRAFUNG
Ehebruch	*Frauen:* an den Haaren über kochendem Schlamm aufgehängt werden *Männer:* an den Füßen über kochendem Schlamm aufgehängt werden	ewig
Eitelkeit	in feurigen Flammengräbern büßen	ewig
Fahnenflucht, Verrat gegenüber dem Vaterland	gruppenweise eingefroren werden, nur der Kopf ragt starr aus den Eisblöcken heraus	ewig
Geheimnisverrat	Wiedergeburt als Fisch (um Schweigen zu lernen)	ein Fischleben auf der Erde
Geiz	von Mammon in flüssiges Metall gesteckt werden, anschließend auf einen Bratspieß gesteckt werden; fürchterlicher Durst	ewig
Getreidediebstahl	Wiedergeburt als Ratte	ein Rattenleben auf der Erde
Glaubensbekenntnis nicht gekonnt	»Prüfung der Gräber«: Wände bewegen sich aufeinander zu und zerquetschen die Seele	ewig
Gotteslästerung	in trostloser Sandwüste durch Feuer gemartert werden	ewig
Grenzstein versetzt	vom Ungeheuer Ammut zerrissen werden	ewig
Haare zu Zöpfen geflochten (zum Zwecke der Hurerei)	an den Haaren über einer Feuergrube aufgehängt werden	ewig
Habsucht	mit schweren Lasten beladen aufeinander losrennen müssen	ewig
Heuchelei	mit einem schweren, vergoldeten Bleimantel bekleidet umhergehen	ewig
Hochmut, Stolz	auf ein brennendes Rad geflochten werden, Arme und Beine gebrochen bekommen; Wechselhaftigkeit des Glücks vor Augen geführt bekommen	ewig

ART DER SÜNDE	ART DER BESTRAFUNG	DAUER DER BESTRAFUNG
Kanal abgeschnitten	man muss sich im »Land der Vernichtung«, auf dem Kopf stehend, in engen und dunklen Räumen drängeln	ewig
Kirchenamt mit Geld erkauft	kopfüber im Feuerloch hängen	ewig
keine regelmäßige Körperpflege	bis zum Nabel in schwarzes Wasser getaucht werden	ewig
Klatschsucht, Lästerei	an der Zunge aufgehängt werden, mit glühenden Eisen gequält werden	ewig
Körperverletzung	in siedendem Blutstrom gekocht werden	ewig
Kot gegessen	vom Ungeheuer Ammut in Stücke gerissen werden	ungewiß
Kühe von der Tränke ferngehalten	von Vögeln mit Eisenschnäbeln zerhackt werden	ewig
Lauheit	von Wespen gestochen werden	ewig, aber nur in der Vorhölle
Lüge	einfacher Aufenthalt in der Hölle	100 000 000 000 000 Jahre
luxuriöses Begräbnis	Eselsbegräbnis: auf einem Karren umhergefahren werden	ewig
Milchdiebstahl	Wiedergeburt als Krähe	ein Krähenleben auf der Erde
Mord	Treiben im Eisfluss	bis einem der Ermordete verziehen hat
nach dem Tod ohne Begräbnis geblieben	am Ufer des Styx umherirren	100 Jahre, dann Überfahrt ins Jenseits
Neid, Eifersucht	abwechselnd in einen Eisfluss und einen Feuersee getaucht werden; immer das jeweils andere Schicksal beneiden	ewig
Opportunismus	ziellos einer Fahne hinterhermarschieren müssen	ewig, aber nur in der Vorhölle
Prostitution	im Kot sitzen	ewig

ART DER SÜNDE	ART DER BESTRAFUNG	DAUER DER BESTRAFUNG
eine protestantische Kirche besucht, eine protestantische Bibel besitzen	einfacher Aufenthalt in der Hölle	ein Tag
Rachsucht	brennende Kohlen unter den Fußsohlen geschürt bekommen und so lange erhitzt werden, bis das Hirn kocht	ewig
Raubüberfall	von Schlangen zerfressen werden	ewig
Sauferei	eine Mandoline umgehängt bekommen; einen Trunk aus schwefliger Brühe und flüssigem Blei eingeflößt bekommen	ewig
Säugling die Milch weggenommen	an Brüsten aufgehängt werden; von Schlangen ausgesaugt werden	ewig
Schadenfreude	bis zu den Augenbrauen in schwarzes Wasser getaucht werden	ewig
schlechter Jäger	von Mammut zerfetzt werden	ungewiß
Schmeichelei	im Kot sitzen	ewig
Selbstmord	an wilden Sträuchern festgebunden und von Vögeln zerfressen werden	ewig
Selbstmord zum Wohl der Allgemeinheit (z. B. eigenes Rettungsseil gekappt, um andere zu retten)	Seligkeit im höchsten Himmel	ewig
sexuelle Belästigung	ausgewälzt werden; Leber zerhackt bekommen	ewig
Spielsucht	von wilden Ebern und Hunden verletzt werden	ewig
Trägheit	mit glühenden Stacheln von Drachen mit Feuerkrallen angespornt werden	ewig
tugendhaft gewesen, aber ungetauft geblieben	Langeweile, Rumsitzen	ewig

ART DER SÜNDE	ART DER BESTRAFUNG	DAUER DER BESTRAFUNG
Überdruss an der Welt	von geflügelten, libellenartigen Monstern verschlungen und wieder ausgeschieden werden	ewig
Unterschlagung	Wiedergeburt als Regenwurm	ein Regenwurmleben auf der Erde
Untreue	Wiedergeburt erst als Wolf, dann als Hund (um Treue zu lernen)	ein Wolfs- plus ein Hundeleben auf der Erde
Vater oder Mutter misshandelt	Treiben im Feuerfluss	ewig
verbotene Waffen benutzt	Schandkragen aus Feuer tragen müssen	ewig
Verrat gegenüber Wohltätern	im Zentrum der Hölle vom eingefrorenen Luzifer selbst zerkaut und zermalmt werden	ewig
verschlagener Politiker gewesen	in Flammen gehüllt wie Glühwürmchen umherschweben	ewig
Völlerei, Maßlosigkeit	in eisigem Regen aushalten; die eigenen Glieder essen; eine Kapuze aus Eis tragen	ewig
einer Waise etwas Böses getan	von Eisfeuer verbrannt werden mit Dornen die Augen ausgestochen bekommen	ewig ewig
Wanderer absichtlich in die falsche Richtung geschickt Wollust, Unkeuschheit	*Laien:* die Brust mit einer Igelhaut zerstachelt bekommen; wie ein Vogelschwarm umhergescheucht werden *Kleriker:* von einem Monster mit Eisenschnabel verschlungen, verdaut und in Gestalt von Exkrementen wieder ausgeschieden werden	ewig

ART DER SÜNDE	ART DER BESTRAFUNG	DAUER DER BESTRAFUNG
Wucherei	seine eigene Zunge verschlingen müssen; im Rinnstein nach verrosteten Nägeln suchen	ewig
Zölibat aufgehoben (nur für Päpste)	Augen ausgestochen bekommen, anschließend Zunge, Lippen, Nasen und Ohren abgeschnitten bekommen, Hände und Füße abgeschlagen bekommen und dann den Hunden zum Fraß vorgeworfen werden	ewig
Zorn	sich selbst mit wütenden Bissen zerfetzen müssen; sich gegenseitig im Sumpf mit Fäusten und Bissen quälen müssen; ganz stumpf in Stücke gehauen werden	ewig
Zwietrachtstifter	gespalten werden vom Kinn bis zum Furz, bis die Eingeweide zwischen den Beinen hängen	ewig

REGISTER DER ORTSSPEZIFISCHEN PHÄNOMENE UND GESTALTEN

(Fettgedruckte Stichwörter und Seitenzahlen verweisen auf ausführlichere Passagen zum Thema)

A

Abbadon (König d. Heuschrecken) 77
Abend 113
Abraham 38f., 75
Acheron 34f., 42, 44, 65f., 137
Acherusischer See 48, 65, 83, 85
Adam 21f., 113
Ägypten, ägyptisch 52, 54, 109, 124f.
Ätna 34
Affen, -könig 93, 109
Afrika, Afrikaner, afrikanisch 24, 33, 41
Agamemmnon 98
Ahnen 56
Airammada-See 109f.
Akazien 128
Alchimisten 88
Alexander der Große 30, 69f.
Alkohol 50, 77
Alligator 43
Almosen 106
altaramäisch 40
Alter 113
Alu 78
Amazonas 17, 28
Amber 128
Ambrosia 12, 48, **123f.**, 128, 137
Ameisen 117
Amethyst 109
Ammut 54, 94
Anfiel 116
Angst 41
Anreise 15
Antichrist 90
Anubis (ägyptischer Gott) 52, **54**
Anus 77, 79
Apfel 50, 123
Apostel 109
Apsu 135
Archimedes 71
Armut 41
Artus (König) 130
Asipattravana 83
Asmodi 77
Asparas 126
Asphalt 64
Asphodelos-Wiese 95
Astharoth 77
Astrologen 86
Atlantik 17
Auenland 125
Aufenthaltsdauer 98–101
Aura 130

Ausrenkung 70
Ausrüstung 17f.
Australien 17
Auto 34, 130, 137
Avalon 130
Azazel 77
Azrail (Todesengel) 76
Azteken, aztekisch 21, 55, 76f., 101, 115, 121, 124

B

Backofen 62
Bäche 125
Bären 78, 80
Bananenbäume 129
Baldur 134
Bantu-Gott 137
Bari 34f.
Barke, heilige 130
Barletta 34, 137
Barmherzigkeit 109
Baum 108, 127
Baum der Erkenntnis 131
Baum des Lebens 112f.
Baum der Weisheit 120
Baumhaar 130
Beelzebub 77
Bekenner 109
Belgien 15
Belial 77
Berge 30
Bergwerke 67
Beryll 109, 121
Bestechliche 87
Bestien 93, **94f.**
Betrüger 84, 96
Biber 121

Bibliothek 113
Bier 125
Bildung 131
Binsenfelder 109
Blattern 66
Blei 65, 91
Blitz 40f., 63, 120
Blumen, -auen 105f., 116
Blut 47, 57f., 77
Blutsäufer 78
Blutschink 77
Blutstrom 83, 85
Böliman 77
Böse, -wichte 86, 104
Bohnen 124
Bolivien, bolivianisch 43, 55f.
Bologna 34f.
Bordell 96
Bourges, Kathedrale von 73
Brachland 131
Brahmaschmuck 109, **129**
Bratspieß 50, 75
Brenner 35
Brindisi 35
Brokat 117
Bronx 83
Brot 76
Brüste 73, 86, 121, 125
Brunnen 58f.
Brutus 90
Buchhandel 117
Buddha, Buddhisten 99, 108f., 120
Büffel 12, 31, 121
Bungee 134
Buraq 105

C

Cassius 90
Catania 34
Cenocroca 94
Ceylon 99
Chaos 70
Charon 42f.
Chef 24, 117
Cherubim 28f., 105, 117, 130
China, chinesisch 108
Chlungeri 77
Choleriker 80
Christen, christlich 33, 39, 51ff., 82, 98f., 101, 128
Copperfield, David 86
Coton, Pierre 70
Cyprianus 77

D

Dämonen 12f., 16, 47, 65, 70, 75, 77f., 82, 86f., 91, 94
Daisy 118
Dante Alighieri 24, 35, 39
Daumen 90
Debilität 131
Demeter 48
Deute-Engel 116
Deutschland 21, 53
Diadem 117
Diakackmuspulver 135
Diana (Prinzessin) 118
Dieb 71, 87, 100
Diesseits 130
Diogenes 69
Dirnen 67, 86
Dite 81ff.
Dodi 118
Donegal 32
Dornensträucher 66
Dos and Dont's 95–98, 129ff.
Drachen 70, 74, 78f., 87, 94, 122
Dry Martini 126
Dschingis Khan 129
Dublin 32
Dung Wang Kung 109
Dunkelheit 45, 62,
Durst 46, 70

E

Ebene, Fahle 40f., 100
Eber, -fleisch, -zähne 15, 29f., 25, 83, 110, 127f.
Echsen 121
Edelsteine, -steinpalast, **-mauer** 15, 17, 105f., 108ff., **109,** 120ff., 126, 137
Ehe, -brecher, -paar 72, 77, 101, 106
Eichhörnchen 121
Eingang 33
Eingeborene, - heimische, -wohner, Bevölkerung 15f., 18, 38, 43, 123, 128, 131
Einsiedler 68, 118
Einwanderer 128
Eisen 65
Eiseskälte 47, 91
Eisfeuer 83
Eismeere 63
Eiter, -pfützen 68, 83
Elefant 92
Elfenbein, -tor 48, 92, 101, 104, 108, 137

Elysium 51, 92, 106, 120
Endgericht 22f., 50, 53
Engel, Erzengel 16, 20, 23, 28, 52, 59, 76, 92, 107, 113, **115–120,** 121, 126, **130**
Enthäutung 70
ER 120
Erdbeeren 118, 120
Erde 17f., 21f., 24, 33, 69f., 76, 91f., 96, 123, 126, 128, 130, 134f.
Erkenntnis 131
Erlik Khan (türk. Gott) 57
Erlösung 16, 41
Erwählte 92
Erzbischof, tiefgekühlter 89
Essen 122, 128, 137
Euphrat 30
Eva 21
Ewigkeit, ewig passim
Exkremente 82

F

Fäulnis 124
Falschparken 137
Familie 116
Farnkraut 47, 136
Fauna 19, **92–95, 120ff.**
Fegefeuer 32
Fenriswolf 94, 110
Fernsehen 54
Fesseln 67
Festmahl 134
Feuer passim
Feuerloch 86
Feuerozeane 15, 93
Feuersee 76
Fieber 78

Finsternis 47, 70
Fische 92, 94, 100f., 121, 125
Fixstern 118
Flammen, -schwert 25, 29, 87
Fledermaus 55, 78, 95
Fleisch, -kessel 99, 126, 128
Flöhe 121
Flora 19, **92–95, 120ff.**
Flüche 66, 137
Flüsse 64f., 120, 124
Flugobjekte 22
Föhren 24
Folklore 97
Folter 25, 56, 64f., 68, 70f., 77, 79, 88, 99, 101
Formalitäten 17f.
Franken, Schweizer 131
Franz von Assisi 118
Frauen 29f., 57, 73, 76, 83, 86f., 94, 108f., 128, 134
Freunde 31
Friedensfürsten 118
Friedhof 35
Frost 113
Früchte 126
Frühlingsbutter 125f.

G

Gabriel (Erzengel) 116
Garten der Gerechtigkeit 120
Garten Eden 120, **122–129**
Gebete 116
Gebirge 108
Gedärmefresser 78
Geheimdienste 117
Gehenna 33f.
Geier 66, 68, 78

Geister, böse 58f., 92
Geisterbahn 25
Geiz, -kragen 51, 75
Geflügel 126
Gelage 124
Geld, -geschenk 16, 96, 101
Geographie 18
Germanen, germanisch 33, 94, 110
Geruch 85
Geryon 85
Gesangsfestival 51
Geschichte 20–25
Geschlechtsteile, -verkehr 68, 95, 116
Geschmeide 117
Geschwüre 66
Gestank 64, 70, 76
Gestrüppgelände 104f.
Gesundheit 96, 131
Getüme, Gewürm 29, 83
Gewalttäter 83
Gewürze 29
Gift 22f., 57
Gihon 30
Gilgamesch 24, 46, 135
Giraffenmenschen 29
Glastonbury 130
Glühwürmchen 12
Gold 22f., 65, 108f., 112, 118, 121, 126, 137
Goldberge, sieben 104f.
Gorgonen 56
Gott 19f., 50, 53, 96, 112f., 115ff., 120, 122, 130
Gotteslästerer, -leugner 81, 84
Grab, -beigaben 35, 82, 125
Graf, Frostiger 89
Graffitti 40

Greife 28
Greisenbart, fädig-hängender 130
Griechen, Griechenland, griechisch 21, 52f., 63, 121
Grillkohle 137
Großer Bär 92, 104, 137
Großvater der Würmer 55
Gruftie 35
Guan Ying (Göttin) 109
Guten, die 38

H

Haaiah 117
Habgierige 75
Hagel 91
Hahne, Peter 118
Hahuiah 117
Hanfsamen 99
Hannibal 70
Hanswurst 87
Harfe 15, 107
Harmonie 105
Harpyien 56
Hasen 92, 121
Heilige, Heiligkeit 19, 66, 126
Hellebarden 79
Hell's Angels 110
Herakles 57
Hermeline 121
Hermod 134
Herr Tur-Tur 55
Hesiod 63
Heuchelei, Heuchler 85–88
Heulen 59
Hildegard von Bingen 24, 121
Himmel passim

Hinduismus, Hindus 33, 50, 53, 68, 109
Hine-nui-te-po 47, 136
Hinnom 33
Hippokamp 35
Hirsch, -geweih 31, 90, 92f., 121
Hitze 62, 113
Höhle 35
Hölle passim
Höllenfeuer 19, 50, 62
Höllenkrater 62ff.
Höllenschlund 57, 59
Höllenstrafen 25
Homer 71, 106, 123
Homosexuelle 85
Honig 15, 44, 125, 128
Honorius Augustodunensis 70
Hou I 108
Hsi Wang Mu 108
Hunde, -köpfe, -kralle, -rachen 29, 44, 78f., 82f., 87, 92, 94, 100f.
Hunger 41, 46, 69f.
Huri 106, 128
Hutu 134f.
Hyänen 121
Hydra 57f.

I

Ieiazel 117
Immobilienmakler 71
Indianer, indianisch 21, 33, 45, 54f., 69
Indien, indisch 125
Indonesien, indonesisch 129
Inhanna (Göttin) 40
Insekten 124
Inseln, Kanarische 28
Instrumente 119
Irak 29
Irland 32
Irrwisch 87
Islam, islamisch 51
Israel 124
Italien, italienisch **34f.**, 130, 137
Izoi-tamoi 55

J

Jadepalast 108f.
Jäger 134
Jähzornige 71
Jagdgründe, Ewige 121
Jahreszeiten 113
Jahrmarkt 123
Jakuten 45
Jaspis 111
Jazariel 77
Jenseits passim
Jerusalem, -,Himmlisches 33f., 109, **111ff.,** 117f., 131
Jesus, Christus 24, 66, 119
Johann von Vezelay 24
Johannes 29ff., 70, 105, 119
Judas Ischariot 90, 91
Juden 33
Jüngster Tag 22, 32, 51, 126
Jugendliebe 134
Julia 118
Julius Cäsar 70
Jungbrunnen 113ff., 131
Junge 116, 126
Jungfrauen 109, 118
Jupiter 118
Juwelen, -baum 108f., 121

K

Kadaver 48
Kälte 70
Kalifornien, kalifornisch 54
Kalorientabelle 123
Kamele 106
Kampfer 128
Kampfspiel 110
Kanonenungeheuer 79
Kapelle, sixtinische 130
Kapokbaum 55f.
Karneval 19
Kelten, keltisch 21, 73, 128
Kentauren 55
Ketten, -gerassel 64, 67, 70, 107
Ketzer 81
Kinder 44, 46, 56, 76, 86, 121f.
Kirchen 108
Klagelaute 58
Kleinasien, kleinasiatisch 48
Kleopatra 70
Klima 17f.
Kloake 64
Knaben 76
Knochengebirge 100
König 22, 48, 52
Körperverletzung 83
Kohle 64, 89, 91
Kokuspalmen 129
Kokytos 42, 44, 65, 88
Kolibri 121
Kommunikation 131
Konsensgesellschaft 131
Koralle 121
Kot 54, 64, 73, 79, 81, 86, 135
Krähen 100
Kräuter 44
Kranich 121

Krankheit 41, 88, 106, 108
Krausbart 78
Kreise der Hölle 71–92
Kreuzfahrer 118
Kriechtiere 93
Kristall, -himmel 109, 119ff.
Kröten, -königin 73, 78, 93, 95, 121f.
Krone 90, 107, 119
Kuchen 125
Küche 46–51
Kürbis 124
Kun Lun 108
Kupfer 91

L

Labartu 78
Lärad 127
Lärm 70
Lästermäuler 84, 87
Laien 87
Lamm 92
Land und Leute 105f.
Lazarus 24
Lebende 130f.
Leichen, -schändung 64, 66, 129
Leid 41
Lethe 65
Leto 66
Lettland 19
Liberia, liberianisch 43
Licht, -see 104, 109, 119
Lilien 108
Lindwurm 121
Lippenloser 87
Löwe 39, 92f., 95
Lottozahlen 113

Lotus, -baum, -buddha 120f., 125, 128
Louvre 51
Lügen 116
Luft 120
Lurche 93, 122
Lustgockel 79
Luzifer 19, **62–71,** 90, 92, 121

M

Ma'at (Göttin) 54
Madame Teissier 86
Mädchen 45, 86, 96, 116, 125f., 134
Märtyrer 109, 118
Magdeburg 20
Mailand 34
Maiskolben 124
Mali 15
Malik (Engel) 76
Mammon 75
Mania (Furie) 76
Mann, Männer 50, 87, 89
Manna 13, 91, **124**
Mantikora 93f.
Maori 96, 134f.
Maria 116, 118f.
Marshimmel 118
Marter 15, 70, 92
Matthäus (Evangelist) 24
Maui 136
Mauer, goldene 106ff., 134
Maya 38, 55f., 77
Medizinmänner 45
Medusa 81
Meer 22
Mensch 29, 31, 34, 65, 101, 115f.

Menschenkopfvogelfüßler 93
Merkurhimmel 118
Merkurialwasser 131
Met 110, 127
Michael (Erzengel) 53, 113
Michelangelo 113
Mictlancihuatl (aztek. Herrscherin) 76f.
Mictlantecuhtli (aztek. Herrscher) 76
Milch, -seen 15, 123, 125, 125
Minderteufel 78
Minos (griech. König) **53**
Mistkäfer 134
Mönche 49, 73, 108, 118, 128
Mohammed (Prophet) 106
Moloch 34
Mond, -sphäre 22, 112, 118
Mongolei, Mongolen 33, 45, 129
Monster 19, 34, 73, 74f., **76–79,** 94
Moor 35
Moosgewächs 130
Moral 96
Mord, Mörder 65, 71, **83ff.**
Moschus 126, 128
Moshammer, Rudolph 118
Moslems, moslemisch 76, 101, 128
München 34
Münzfälscher 88
Müßiggang 13
Musik 15, 105, 107
Mutter 65, 136

N

Nacht 64, 113
Nacktheit 69

Nahrung 45
Nanga Parbat 17
Natter 122
Naturgesetze 92
Neapel 35, 91
Nektar, -see 48, 109f., **123f.,** 124, 129
›Niemals altern‹ 135
Nirwana 100f.
Nithael 117
Nomaden 39
Nonnen 73, 108
Norden 22, 24, 55
Nutten 96
Nymphen 126

O

Oberteufel 78
Obolus 42
Odin (german. Gott) 94, 110
Odysseus 95
Ofanto 34
Ohnmacht 109
Operettenteufelchen 19, **78f.**
Opferbrot 125
Ordnungsamt 72
Orgeln 107
Orinoko 28
Orpheus 24, 54
Osiris (ägypt. Gott) **54**, 94, 125
Ostafrika, ostafrikanisch 40
Osten 29, 55, 109
Ostern 24, 39
Otter 121
Ovid 71

P

Palm-Esel 81
Pamplona 51
Panotier 29
Papst 82, 86
Paradies passim
Paradiesschnäpper 136
Paris 51
Patagonien, patagonisch 50
Patriarchen 109
Paulus 70
Pech 64, 79, 91
Peiniger 67
Peitschender 78
Pelops 48
Penelope 95
Penemue 77
Perlen 118
Perlmutt 121
Pestatem 92
Petry, Wolfgang 12
Pettigo 32
Pfähle 70
Pfefferschoten 124
Pfeile 79
Pferd 29, 83, 124, 134
Pfirsiche 108f.
Phlegethon 56f., 65, 83, 85f.
Phlegias 80
Picknick 124
Pischon 30
Pluto, Palast 43f., **57ff.**
Politiker 87
Polynesien, polynesisch 136
Pozzuoli 35, 91
Präsident 23, 77
Priester 87
Prominente 70

Propheten 109
Protestantismus 99
Putten 130

Q

Qualen, quälen, gequält 20, 25, 35, 69, **91,** 124
Quelle 108
Quetschender 78

R

Raben 78
Räuber 87
Ragnarök 95, 110
Ratten 100, 121
Rauch 64
Re (Sonnengott) 54, 109, 125
Rechtsverkehr 137
Regen, -bogen 22f., 73, 115, 120
Regenwurm 100
Reich der Toten 44
Reinkarnation 100f.
Reisezeiten 19
Reliquien 81
Restaurants 48f., 127f.
Rettung 134ff.
Rhadamantys (griech. König) **52f.**
Riese 65f., 88
Rio de la Plata 28
Rituale 15
Röteln 87
Rom 32
Romeo 118
Rosen, -nkranz 46, 70, 108
Rückreise, Rückweg 14, **132–137**

S

Sährimnir 127f.
Säufer 73
Safran 128
Sakkum 51
Salamander 93, 122
Salben 124f.
Samen 77
San Remo 51
Sandalphon 116
Saphir 109
Sarg 35, 87
Satan 90, 92
Saturnhimmel 118
Sauhauer 79
Saunafreunde 76
Schadenfrohe 81
Schakale 101
Schamanen 45
Schandkragen 87
Scharping, Rudolf 118
Schatten, -wesen 56f., 134
Schildläuse 121, 124
Schläge 64
Schlaf der Lebenden 24
Schlamm 65, 72, 120
Schlange 21, 57, 70, 86f., 93, 121, 136
Schlange, lernäische 57
Schleichwege 24, 29
Schlemmen 124ff.
Schlimmschwanz 78
Schluchzen 64
Schmeichler 86
Schmerzen 92
Schmetterlinge 121
Schnabeltiere 93
Schnee 22

Schreibeengel 113
Schreie 64
Schuppendrachen 87
Schwan 96
Schwarzenegger, Arnold 85
Schwarzes Meer 22
Schwefel
-felder, -quellen, -seen, -sümpfe 17, 25, 63f., 73, 91, 137
Schweiz 131
Schwertbrücke 44f.
Schwinghupf 79
See der Juwelen 108f.
Seelen passim
Sehenswürdigkeiten 15, 106–115
Seide 117
Selbstmörder 83f.
Selige 16, 39, 106, 125
Senegal, Senegalesen 39
Sengender 78
Sense 63
Seraphim 19, 117, 130
Sex 72
Sibirien 34, 50
Sidrabaum 121
Sieche 114
Siegfried und Roy 86
Silber 105, 121
Silberfischchen 93
Simonisten 86
Sintflut 20, 22
Singen 106
Sioux-Indianer 69
Sizilien 34
Skandinavien, Skandinavier 39
Skelett 24, 77
Skeptiker 25
Skiapoden 29
Skorpione 15, 70, 74f., 93, 121

Smaragd 109, 121, 137
Sokrates 64
Soma 126
Somerset 130
Sonne 104, 112, 118
Sonnenbarke 54, 125
Sonnenbrand 113
Sonnengott 109
Spanferkel 25
Spanien, spanisch 49
Speere 79
Spezialitäten 46f.
Sphinx 28
Spielen, Spieler 83f., 106
Spinnweben 97
Stau 137
Stechdorn 135
Stein des Weisen 131
Steinbock 94
Stephanus 81
Sterneköche 123
Sternenhimmel 104
Stier, -rennen 51, 70
Stoffwechsel 123
Stolz 81
Strafdämonen 78
Strafgericht 51f.
Strafteufel 78
Stumpfsinn 131
Styx 42ff., 65, 80
Südamerika, südamerikanisch 43, 50
Süden 55
Sünden, Sünder passim
Süßwassermeer 135
Sulawesi 129
Sumerer, sumerisch 39f.
Sumpf 35, 56, 79
Sun-Wu-Kung 109

Sushi 46
Swingerklub 72
Syphilis 96
Syrien 22

T

Tabakpflanze 45
Taiwan 29
Tal der Verruchten 55
Tantalos (König) **48**, 51, 124
Tartaros 59
Tasnim 126
Teenager 22, 114
Teer 79, 87
Tellerlecker 98
Teresa von Avila (Heilige) 62
Testament, Altes 28
Teufel passim
Theliel 117
Thomas von Aquin 118
Tibet, Tibeter 33, 53
Tiere 31, 46, 92
Tigris 30
Tisiphone 57
Tityos 66
Tlaloc (aztek. Gott) 115
Tod, tot, Tote passim
Todsünde 14, 98f., 122, 131
Töpferscheibe 68
Toiletten 123, **130**
Tomaten 124
Torturen 91
Totenbücher 13
Totengericht 45, **51–54,** 94f., 113
Totengott 52
Totenreich 128
Totenschädel 53

Totenspeise 125
Touristen 55, 70f., 129
Trägheit 74ff.
Trauer 41
Traum 137
Treppen 39f.
Trinkgeld 65, 91
Tümpel 35
Türken, türkisch 45, 57
Tugend 126
Turm, Eiserner 57
Tzontemoc (Maya-Gott) 77

U

Überfahrt 42ff.
Umgangsformen 117
Ungeheuer 19, 44, 54
Ungeziefer 62, 121
Ungläubige 71
Unsterblichkeit 108, 124
Untaten 32
Unterwelt passim
Ural-Altai-Nomaden 39
Ureinwohner 43
USA 21
Utukku 78

V

Venushimmel 118
Verdammnis, **Verdammte,**
Verfluchte 16, 19, 25, 35, 46f., 51,
56, 59, **65–71,** 76, 79, 83, 88, 91f.
Verdauung 123
Verfressene 71
Verkehr 19

Verrat **88ff.**
Verrückte 41
Verschwender 83
Verstand 106
Verstorbene passim
Verstümmelung 70
Verwandte 31, 56, 89
Verwünschungen 66
Vesperzeit 91
Vipern 121
Vishnu 109, 117
Visum 29
Völlerei 13, 19, 49, **73f.**, 78, 122
Vogel 35, 55f., 68, 83, 92, 94, 106, 117, 121, 136
Volksfeste 15
Vorhölle 17

Wiedergänger 24
Wiedergeburt 100
Wiesen 120
Wilhelm von St. Thierry 59
Witwe 54
Wölfe 101, 121
Wolken, -wagen 23, 115
Wollust 13, 19, **72f.**, 78, 95
Wucherer 75
Würmer 64, 68, 93
Wüste 30, 77, 84f.

Y

Yama (Totengott) **52f.**
Yuppies 46

W

Z

Wahrsager 51, 86
Wald der Schwertblätter 83f.
Wale 76
Walhall 25, 109, 110, 124, 127ff., **129**
Wasser, **- des Lebens** 39, 46, 112f., 125f., **131**
Weg, Roter 55f.
Weg, Schwarzer 56
Wegkreuzung 54f., 70
Wehklagen 64
Weihnachten 19
Weihwasser 81, 121
Wein, -trauben 120, 125, 129, 135
Weltuntergang 95, 110
Wermut 126
Wespen 40
Westen 28

Zähneknirschen 59, 64
Zauberer 86
Zauberkloß 44
Zecherei 49
Zecken 121
Zelte 31, 106
Zerberus 13, **44,** 57
Ziegen, -bock 75, 77, 93
Zizyphusbaum 121
Zölibat 82
Zorn 79ff.
Zottelteufel 79
Zügellosigkeit 72, **95f.**
Zug 34
Zwietracht 41